『法学新锐论丛·个人信息保护』

总主编 彭诚信

个人信息保护中的同意规则研究

邬杨 著

内容提要

从个人信息保护法的立法进程看，各国(地区)在结合自身实际情况的基础上建立了保护程度不一、标准各异的同意规则，并奉为个人信息保护的基本原则。无论具体规定上的差异如何，在同意规则实现的基本目的上，各国(地区)都强调和注重对个人基本权利的保障。个人信息领域的同意规则旨在保护个人对与其有关的个人信息处理行为的自由意志实现，是各国基本法上对维护人格尊严、实现人的自由发展的具体体现。同时，个人信息自决权并不等于对个人信息的绝对控制，不宜扩展到私法层面个人对其财产(个人信息)的绝对权或支配权。同意作为个人信息处理的前置合法性基础，不具有私法上授权的法律效果，只有事后救济效力；同意是个人信息处理行为合法的充分非必要条件，未经同意的个人信息处理行为不必然导致侵权的法律后果；同意的免责效力具有有限性，基于同意的个人信息处理行为还应当符合实体法上法律行为的合法性构成要件。此外，在不以同意为合法性前提的个人信息处理行为中，相对人也不得以同意作为免责事由。本书既可以作为学生、专家学者以及实务人员的拓展阅读，也可以为政府决策部门提供参考。

图书在版编目(CIP)数据

个人信息保护中的同意规则研究 / 邬杨著. -- 上海 ：上海交通大学出版社，2025. 5. -- (法学新锐论丛 / 彭诚信总主编). -- ISBN 978-7-313-32550-1

Ⅰ. D923. 74

中国国家版本馆 CIP 数据核字第 2025PU3776 号

个人信息保护中的同意规则研究

GEREN XINXI BAOHUZHONG DE TONGYI GUIZE YANJIU

著　　者：邬　杨

出版发行：上海交通大学出版社　　地　　址：上海市番禺路 951 号

邮政编码：200030　　电　　话：021－64071208

印　　制：苏州市古得堡数码印刷有限公司　　经　　销：全国新华书店

开　　本：710mm×1000mm　1/16　　印　　张：11

字　　数：162 千字

版　　次：2025 年 5 月第 1 版　　印　　次：2025 年 5 月第 1 次印刷

书　　号：ISBN 978-7-313-32550-1

定　　价：49.00 元

在人工智能、生物技术等现代科技浪潮席卷全球的今天，数字法学（含人工智能法学、数据法学、个人信息保护法学等）新型法学领域迅速崛起，传统医事法学、知识产权法学等领域也需迭代更新。上海交通大学出版社顺势推出“法学新锐论丛”，既是对学术前沿的敏锐回应，亦是旨在为致力于科技法学变革的青年学者搭建一座连接学术理想与现实关切的平台。

一、回应时代之问：数字时代的学术使命

信息技术的迭代重塑了法学认知范式。数字孪生技术将物理世界映射为可计算的代码，量子计算正在突破传统密码学的安全边界，神经接口技术模糊了人类意识与机器智能的界限……这些技术突破不仅挑战着既有法律体系的解释力，而且从根本上动摇了权利主体、法律关系、责任归属等基础法理范畴。数据流动的全球化与隐蔽性使得个人权利、商业利益与国家安全之间的张力日益凸显。当自动驾驶系统需要作出“电车难题”式的伦理抉择，当深度伪造技术能够完美复现任何人的生物特征，传统法学构建的“主体-行为-责任”逻辑链已出现结构性断裂。从欧盟《一般数据保护条例》到我国《个人信息保护法》，法律体系的革新始终追赶着技术的脚步，而理论的深度与广度则决定了制度设计的生命力。这些变革要求法学研究者突破学科思维疆界，洞察各领域的复杂互动，数字法学正在从自我封闭的概念体系走向开放的知识网络。

二、凝聚青年之力：新锐视角的破局价值

青年学者是法学革新的天然破壁者。他们较少被既有学科藩篱所禁锢，也不会因路径依赖而缺乏创新，其更多地以“数字原住民”的视角洞察数字社会的肌理。上海交通大学在博士生培养中也尤为注重“学科交叉能力”与“技术穿透思维”的锻造。青年学者学术嗅觉的敏锐性，使其可能率先捕捉到数字化、自动驾驶、元宇宙等新兴场景中的权利冲突与困境，为数字法学发展注入预见性思考。本丛书以“新锐”为名，正是要放大这种“边缘突破”的力量——让青年学者的实验性探索成为推动学科范式转型的催化剂。“法学新锐论丛”将凝聚兼具理论纵深与技术前沿性的选题，融合规范分析与实证调研研究方法的青年学者的学术成果，充分展现其学术品格：既仰望星空追问法理本质，又脚踏实地破解现实难题。

三、传承平台之责：培育学术共同体的未来

上海交通大学出版社充分发挥双重优势：一方面，依托上海交通大学“工科见长、交叉创新”的学科优势，另一方面，深耕出版领域，致力于“知识聚合、思想传播”，在学术出版与知识传播方面形成独特优势。我们以“法学新锐论丛”为窗口，不仅致力于展示优秀的学术成果，更着力将其打造成为学术共同体成长的孵化器，以践行知识生产的代际传承使命：为尚未被主流话语充分关注的青年声音提供扩音器，让博士论文这一“学术成人礼”突破学位论文库的物理局限，进入更广阔的思辨空间。本论丛秉持构建开放包容的学术生态，既鼓励对数字人权、算法规制等前沿问题的理论深耕，亦倡导对智慧司法、监管科技等实践命题的实证研究；推动学术代际传承，促进学术成果的社会转化，让学术研究始终服务于国家“网络强国”“数字中国”战略，在回应社会关切中彰显法学研究的公共价值。

四、关于未来之思：在不确定中锚定学术坐标

“法学新锐论丛”的价值不仅在于结论的创新，而且在于提出真问题的

勇气，带着青年学者解决“卡脖子”问题的社会责任与使命。当技术变革的速度持续超越法律修订的周期，法学研究必须学会与不确定性共处。青年学者以其对数字原生态社会的深刻体验，正在重新定义“法律滞后性”的应对策略——从被动规制转向主动形塑，从解释规则转向创造规则。这种学术姿态恰是本丛书倡导的“新锐精神”的内核，即鼓励这种“敢为天下先”的学术勇气——既有勇气挑战“数据产权”“算法人格”等未竟之题，亦有智慧在技术乐观主义与保守主义之间开辟第三条道路。我相信，当更多青年学者敢于在无人区插上思想的旗帜、勇于思考与解决社会现实难题，法学必将焕发新的生命力，为数字文明时代的制度建构提供东方智慧。

博士生是最具创造力、思维活跃与求真求实的学术研究新生力量。本辑聚焦个人信息保护为核心议题的博士论文，其研究既回应了时代的紧迫需求，亦彰显了青年学者在学术探索中的锐气与担当。付梓之际，上海交通大学出版社邀请我作总序，我欣然应允。

彭诚信

CONT 目录 ENTS

前言

《中华人民共和国民法典》首次将“个人信息保护”纳入人格权编，建立了个人信息保护的基本规则；《中华人民共和国个人信息保护法》从个人信息保护专门立法的视角，为个人信息处理活动中的个人信息主体和个人信息处理者分别设定权利和义务规范，极大保障了我国个人信息收集、使用和流通秩序，但是，如何科学地设计个人信息处理规则，实现个人信息保护与流通利用之平衡仍然是个人信息立法与实践的重点关切问题。以这一根本问题为出发点，本文围绕当前各国个人信息领域备受关注的同意规则，探讨这一规则的法理基础与法律效果，并修正同意规则的规范路径。

同意规则普遍被认为是个人信息保护的“王牌”规则，因其充分展现受个人信息处理行为影响的个人信息主体的自由意志与自决权利，成为各国（地区）个人信息保护立法中着力强调的个人信息处理必须遵从的规则之一。由于对其理论基础及发展脉络的片面把握，使得同意规则在立法和实践中呈现两极化趋势：在立法中，同意的效果被高估，而在个人信息保护实践操作中同意的效果被低估。走出同意困境需要对这一规则的规范发展进程进行重新梳理，对其法律性质和法理基础进行重新解读，对其法律效果进行重新界定。

同意规则作为大数据时代背景下维护利益平衡的重要手段，有其存在的合理性和现实意义。在具体应用场景中，收集和使用个人信息时依赖的“同意”仍面临诸多现实困境，集中表现为遭遇的同意效果真实性困境和个人信息主体决策有效性困境。然而上述问题无法从我国现有立法中找到解决途径，因此，存在合理与现实困境的矛盾冲突，并引出了本书的核心问题：作为个人信息保护法律中的重要制度，同意规则应当如何定位？围绕这一核心议题,有以下基本问题亟待解决：通过探寻同意规则的规范演进脉络,这一规则建立依据的法理基础为何？通过同意规则的法律规制,个人信息主体的何种权利应当受到保护？这种权利如何定性？同意的法律含义和法律性质如何界定？对于个人信息保护领域同意规则的法律效果界定与其他领域的同意有何区别？如何通过修正现有的同意规则而实现其既定的法律效果？

探究同意规则应当从梳理规范发展进程入手,以了解与这一规则有关的全面法律规范内容,但无论同意规则在哪一领域得到践行发展,其体现的基本法理都是法律赋予个人对于与其个人有关的事务、信息承担不利后果或者风险的自由意愿表达。从个人信息保护法的立法进程看,各国(地区)在结合本国(地区)实际情况的基础上都建立了保护程度不一、标准各异的同意规则,并奉为个人信息处理行为的合法性基础或者个人信息保护的基本原则。无论具体规定上的差异如何,在同意规则实现的基本目的上,各国(地区)都强调和注重对个人基本权利的保障,将个人信息保护法作为本国(地区)规制个人信息处理行为的基本法,同意规则也因此成为个人信息保护领域的基本规则。

个人信息领域的同意规则旨在保护个人对与其有关的个人信息处理行为的自由意志实现,是各国基本法上对维护人格尊严、实现人的自由发展的具体体现。同时,个人信息自决权并不等于对个人信息的绝对控制,不宜扩展到私法层面个人对其财产(个人信息)的绝对权或支配权,个人信息保护立法应当为个人信息的合法利用创设空间。

对于个人信息保护领域的同意规则的法律效果,应当分为三个不同层次理解：首先,同意不等于授权,由于其权利基础为基本权利层面的个人自决,体现为个人的尊严和自由发展权利,决定了不能通过同意或者其他任何方式授予或让渡给他人,同意仅具有事后救济效力;其次,同意并非个人信息处理的唯一必要条件,而只是个人信息处理合法性前提之一,即未经个人同意的个人信息处理行为未必构成侵权行为;最后,同意的免责效力应该受到限制,一方面,同意只是确认个人信息处理行为合法性的程序性规则,并非构成个人信息处理行为合法性的实体要件,因此即使经过信息主体同意的信息处理行为还需满足其他合法性要件，同意未必一定不侵权；另一方面，在非以同意作为合法性前提的个人信息处理场景下，即使个人信息处理者事先获得了个人的有效同意，也不得以该理由作为免除或减轻其责任的依据。

在确定同意行为法律效果的基础之上，关于同意规则的规范架构随之展开。第一，区分同意规则的适用场景，构建“具象的同意”。同意规则的区分适用标准应结合“场景理论”提出的具体方法进行适用，这决定了同意的具体规则无法通过一部《个人信息保护法》进行细分规定，而应通过具体场景和领域的专门法律法规进行调整。第二，限缩同意规则的适用范围，构建“实质的同意”，正是由于同意的生效要件需要满足严格的实质要件和形式要件，所以，在适用同意规则时不宜过分扩大其范围而造成同意沦为形式化的规定，这也是立法与实践形成差异进而制约同意规则有效性的关键问题，因此，对于同意规则的适用范围应当进行严格限缩，正确解读同意与其他个人信息处理合法性前提的关系。第三，引入同意的撤回和选择退出机制，构建“全面的同意”，实现多维度的个人信息保护与利用规范。通过上述三个方面的规范路径可以为我国个人信息保护的同意规则提供立法进路参考，并保障同意规则的法律效果得以真正实现。

第一章

同意规则的规范演进

同意规则最初源于生物医学伦理领域，同意是生物伦理领域和临床医疗伦理领域的基础概念，涉及医学、科学和生物技术进步引起的伦理、法律和社会问题。[①] 其后，由于电子计算机技术的普及和互联网的广泛应用，延伸至个人信息保护领域，成为个人信息收集和使用的合法依据。由于个人信息保护场景下信息主体的同意与信息和组织的处理行为紧密相关，因此，医学研究和生物伦理学中对同意的要求对个人信息保护规则的影响极其深远。[②] 个人信息保护中的同意规则作为个人信息保护法律规范体系中的一项基本原则，其制度设计关系个人信息保护的强度与个人信息利用的限度，并决定着信息流动的效率与信息自由的程度。纵观世界个人信息保护立法的发展历程，虽然各国及地区的立法对于同意的概念、方式、具体要求等规定有所区别，但无一例外地将同意作为个人信息收集、使用的合法性基础。就我国在个人信息保护领域的立法实践看，同意被法律、行政法规、司法解释与国家标准规定为个人信息处理的合法性前提，以及免除个人信息处理者承担民事责任的条件，但对于个人信息主体做出的同意行为的法律效果如何界定，世界各国及地区的个人信息保护立法均为空白。对于同意的法律效果考察，需将同意规则置于整个同意规则的规范演进过程中进行解读，通过总结现有规范探寻作为明确同意法律效果的法律基础和依据。

本章通过梳理域外关于个人信息保护领域同意规则的规范内容，并以此作为参考，检视我国法律规范体系中与同意规则相关的全部规范内容，最终提出本书的核心问题：在我国现有法律规范体系并未对同意的法律效果提供法律依据的情况下，个人信息保护中同意的法律效果究竟应该如何认定？

---

① Onora O'Neill. *Autonomy and Trust in Bioethics*. Cambridge University Press, 2002, p. 1.

② Neil C. Manson, Onora O'Neill. *Rethinking Informed Consent in Bioethics*. Cambridge University Press, 2007, p. 4.

第一节　个人信息保护领域同意规则的产生

一、欧洲委员会通过《关于私人领域电子数据库中个人隐私保护的决议》和《108公约》

关于个人信息保护的规定最早可追溯至1950年的《欧洲人权宪章》(*The European Convention of Human Rights*, *ECHR*)。*ECHR* 旨在保护个人人权和基本自由,其第8条规定,个人的私人生活和家庭生活应当受到保护。此后,依据 *ECHR* 成立了欧洲人权法院。欧洲人权法院未对 *ECHR* 第8条中的"私人生活"或者"隐私"给出明确定义,但是通过大量的判例不断丰富隐私的内涵。对此,有学者评价这一条款的内容"涵盖关于个人自主、个人隐私、个人身份、个人尊严、个人发展、个人身份识别以及一系列相近概念以保护个人人格"。[①] 虽然这一条款指向的权利是隐私权,但是对于个人信息的保护与隐私保护具有相同的目的,因而可以基本人权的方式实现保护。[②]

然而,随着电子计算机和信息通信技术的迅猛发展,特别是19世纪60年代对信息隐私和数据保护要求的提升,原有的 *ECHR* 第8条难以实现对所有类型个人信息的充分保护,且对个人信息的保护并未包含私人领域行为,因此欧洲委员会(The Council of Europe, CoE)又转向建立私人领域的个人信息保护规则,并在先前研究的基础之上于1973年提出《关于私人领域电子数据库中个人隐私保护的决议》,[③]紧接着又于第二年提出《关于公共领域电子数据库中个人隐私保护的决议》,[④]其中,《关于私人领域电子数

---

① Van Dijk, Pieter et al. *Theory and Practice of the European Convention on Human Rights*. Oxford, 2006, p. 665.

② Cannataci, Joseph A. *Privacy and Data Protection Law: International Developments and Maltese Perspectives*. Norwegian University Press, 1987, p. 54.

③ Council of Europe. Resolution (73) 22 on the Protection of the Privacy of Individuals Vis-à-vis Electronic Data Banks in the Private Sector.

④ Council of Europe. Resolution (74) 29 on the Protection of the Privacy of Individuals Vis-à-vis Electronic Data Banks in the Public Sector.

据库中个人隐私保护的决议》第一次使用了“同意”的概念，将其作为授予使用个人信息的正当性基础原则。虽然其并未对“同意”作出明确定义，但是在保护个人信息的立法进程之初确立了“同意”这样一项规则，以确保个人能够充分表达对处理其个人信息的意愿。

之后，为在欧洲国家建立具有普遍法律约束力的个人信息保护制度，CoE 又推动专家委员会起草了《关于个人数据自动化处理的个人保护公约》（简称《108 公约》）。① 据此，CoE 能够规范所有成员国的数据处理活动，并消除各成员国之间法律规定及适用上的差异。然而《108 公约》依然未将同意置于十分重要的地位，仅在第 15 条中规定了数据主体需要申请协助时的同意。

二、美国提出“公平信息实践准则”

“公平信息实践准则”（The principles of Fair Information Practice）诞生于 20 世纪 70 年代初期。当时的美国政府试图通过计算机建立数据库进行收集和处理个人信息，由于个人需要依要求向政府提供与其有关的个人信息，而个人信息的泄露会产生侵害个人隐私的高度风险，因此个人信息处理与保护问题也随之产生。在这一背景下，美国医疗、教育与福利部于 1972 年成立了个人信息自动化系统咨询委员会（Advisory Committee on Automated Personal Data Systems），其目的是解决计算机和电子通信技术系统在个人信息的收集、存储和使用过程中可能产生的问题。② 随后，该委员会于 1973 年发布了一份题为《记录、电脑与公民权利》的报告，这份报告中提出了“公平信息实践准则”，③具体内容包括：① 不得建立对个人信息记录的私密存储系统；② 个人在其被收集个人信息之前，有权利知晓收集

① Council of Europe. Convention for the Protection of Individuals with Regard to Automatic Processing of Personal Data (ETS. 108) (28. 01. 1981).

② US Department of Health Education. *Records, Computers and the Rights of Citizens*. MIT Press, 1973.

③ US Department of Health, Education & Welfare. *Records, Computers and the Rights of Citizens*. MIT Press, 1973.

的其个人信息记录的内容和使用目的、方式等;③ 必须确保未经个人信息主体同意而将其信息用于个人同意使用之外的目的,或者将其个人信息提供给他人,个人应当有权利禁止这一行为;④ 必须确保个人对与其个人信息记录错误或不相符的内容享有更正、修改的权利;⑤ 任何组织在使用个人信息时,必须保证收集、使用、存储、分析的可识别个人信息记录中的数据可靠,并且必须采取防止数据滥用相应的预防措施。美国"公平信息实践准则"首次确立同意规则,以上五项内容的提出不仅影响了美国的隐私权以及后续的信息隐私权的相关立法,而且对欧盟成员国家乃至世界其他国家和地区的个人信息保护立法产生了十分重大且深远的影响。这些国家和地区的法律以公平信息实践的五项原则作为基本原则和指导,①"公平信息实践原则"已成为全球重要的个人信息保护法律指南。②

此后,美国联邦贸易委员会(Federal Trade Commission, FTC)提出五项核心原则以建构公平信息实践:① 通知或注意(notice or awareness);② 选择或同意(choice or consent);③ 访问或参与(access or participation);④ 完整性或安全性(integrity or security);⑤ 执行或救济(enforcement or redress)。③ 后来,这一原则为全球各组织发展个人信息保护原则提供了参考。

三、OECD 发布《关于隐私保护和个人数据跨境流动的指南》

个人信息保护涉及的法律问题包含两个方面:一方面,是通过合理设计法律规范保护个人信息上的各方主体利益及信息安全,这也是各国建立个人信息保护法律的初衷和根本目的;另一方面,由于个人信息需要在不同主体、不同领域甚至不同国家间跨境流动,对个人信息保护的立法不能阻止

---

① 丁晓东:《论个人信息法律保护的思想渊源与基本原理:基于"公平信息实践"的分析》,《现代法学》2019 年第 3 期,第 98—99 页。

② 郑志峰:《通过设计的个人信息保护》,《华东政法大学学报》2018 年第 6 期,第 51 页。

③ Federal Trade Commission. Privacy Online: A Report to Congress 7 - 11 (1998), https://www.ftc.gov/reports/privacy-online-report-congress.

信息的自由流通。基于后一目的，经济合作与发展组织(Organization for Economic Co-operation and Development, OECD)提出《关于隐私保护和个人数据跨境流动的基本原则指南》(简称《指南》)，随后成为各国个人信息保护立法的基本原则和核心内容。

作为当下国际上个人信息保护法基本原则的基础，OECD《指南》规范了成员国在隐私保护与促进信息流动中的基本原则，围绕个人信息收集、储存、处理、传播等行为作出全面系统的规范，其规定个人信息保护主要包括八项基本原则：收集限制原则(collection limitation principle)、数据质量原则(data quality principle)、目的特定原则(purpose specification principle)、使用限制原则(use limitation principle)、安全保障原则(security safeguards principle)、公开原则(openness principle)、个人参与原则(individual participation principle)、责任原则(accountability principle)。[①] 其中在收集限制原则和使用限制原则中明确出现了"同意"的表述。收集限制原则(collection limitation principle)规定，个人信息的收集原则上应当受到限制，任何信息的获得都应该通过合法和公平的手段，必要时应当经过信息主体的知情或同意；[②]使用限制原则(use limitation principle)规定，个人信息不得被披露、被他人获取或用于其他目的，除非经过信息主体的同意或经过法律的授权。[③]

在对"同意"概念的阐述上，OECD《指南》较《108公约》有更进一步的规定。在收集限制原则中，确立了信息处理者应满足信息主体的知情或同意要求。这里的"知情"指信息主体获取的关于其个人信息如何被处理的情况必须是充分的，而且无论是知情还是同意的适用须在"必要的情况下"。OECD《指南》通过确立同意规则实现了对个人信息收集的限制，更重要的是，建立了后续个人信息处理行为需依据法律规定或者个人同意方可进行

---

① Organization for Economic Co-operation and Development. OECD Guidelines on the Protection of Privacy and Transborder Flows of Personal Data, Article 7 to 14, http://www.oecd.org/internet/ieconomy/privacy-guidelines.htm.

② OECD. Guidelines on the Protection of Privacy and Transborder Flows of Personal Data, para. 7.

③ OECD. Guidelines on the Protection of Privacy and Transborder Flows of Personal Data, para. 10.

的机制，进而加强了个人对于个人信息的控制。①

四、欧盟实施《关于涉及个人数据处理的个人保护以及此类数据自由流通的指令(95/46/EC)》

欧盟《关于涉及个人数据处理的个人保护以及此类数据自由流通的指令(95/46/EC)》②(简称《个人数据保护指令》)，在欧盟成员国制定和实施个人数据处理与流通方面提供了指导性规范。借助《个人数据保护指令》，欧盟成员国开启了制定个人数据保护单行法的潮流，并对整个世界产生了影响。③《个人数据保护指令》第 2 条对“同意”作出定义：“任何数据主体在知情的情形下自由作出的明确表明其同意处理与其有关的个人数据的意思表示。”④这一定义明确了同意的法律性质及部分生效要件。首先，同意是个人数据主体作出的一种意思表示，其生效应满足意思表示的生效要件。其次，同意作出的条件必须是知情的、自由的和明确的。这几项生效要件也构成此后欧盟《统一数据保护条例》的规范基础，具有重要意义。此外，《个人数据保护指令》第 7 条在规范数据处理的合法性标准时，也将“数据主体的明确同意”列为一项合法化事由，除了这一事由，当事人履行合同义务、当事人履行法定义务、保护数据主体的重大利益、涉及公共利益或第三方授权，以及数据控制者或第三方的合法利益都可以作为处理个人信息的合法性基础。这六项合法性基础也为《统一数据保护条例》沿袭。对于特殊类型的数据处理和向第三方传输个人数据，《个人数据保护指令》也作出了需要数据主体明确表示同意的规定。值得注意的是，欧盟《个人数据保护指令》不具有直接法律效力，成员国需要将其转换为国内法律才可以实施。

---

① Eleni Kosta. Consent in European Data Protection Law. *Nijhoff Studies in EU Law*, Vol. 3, 2013, p. 34.

② Directive 95/46/EC of the European Parliament and of the Council of 24 October 1995 on the Protection of Individuals with Regard to the Processing of Personal Data and on the Free Movement of such data (1995), https://eur-lex.europa.eu/eli/dir/1995/46/oj.

③ 高富平：《个人数据保护和利用国际规则：源流与趋势》，法律出版社 2016 年版，第 117 页。

④ Article 2(h) Data Protection Directive.

有学者将1973年美国“公平信息实践原则”、1980年OECD《关于隐私保护和个人数据跨界流通的指导原则》和1995年欧盟《个人数据保护指令》称为全球第一代个人信息保护法律框架。[①] 总体来看,第一代个人信息保护法律框架以强调个人信息主体对个人信息享有自主决定权为主旨、[②]以充分实现对信息的“个人控制”为制度核心,重视“通知与同意”机制的运用,要求个人信息的收集、处理、流转都必须征得主体的明确同意。[③] 而且同意仅为个人信息处理的合法性基础之一,并非唯一的合法性基础,明确这点,对于梳理之后各国及国际组织的立法发展脉络以及建立我国个人信息处理的同意规则具有重要意义。

第二节 域外个人信息保护立法中同意规则的规范模式

一、德国:从严格保护到确立“个人信息自决”

(一)20世纪70年代:“原则上禁止,例外许可”的基本原则

德国[④]对个人信息保护的立法由来已久。早在20世纪60年代就开始推广和普及计算机技术,公民对政府使用计算机实现自动化、大规模处理数据的行为产生怀疑,也催生了世界上首部专门针对个人信息保护的立法,即1970年联邦德国《黑森州数据保护法》。联邦德国国会也积极推动联邦数据保护立法进程,并于1971年提出《联邦数据保护法草案》,最终在1977年通过,成为《联邦数据保护法》(*BDSG*),并于同年1月27日正式生效。该

---

① Omer Tene. Privacy Law's Midlife Crisis: A Critical Assessment of the Second Wave of Global Privacy Laws. *Ohio State Law Journal*, Vol. 74, 2013, p. 1220.

② Deirdre K. Mulligan & Jennifer King. Bridging the Gap Between Privacy and Design. *U. Pa. J. Const. L.*, Vol. 14, 2012, p. 999.

③ Fred H. Cate. The Failure of Fair Information Practice Principles, in Jane K. Winn ed. *Consumer Protection in the Age of the "Information Economy"*. Routledge, 2006, pp. 356 - 357.

④ 第二次世界大战后,原德国分为民主德国和联邦德国,至1989年后又合并为德国。本书中1989年前的德国系联邦德国。

法对个人信息的收集和使用行为贯彻严格的同意原则，其规范的对象覆盖了公共机关和私营机构；收集和使用个人信息时应当获得个人的同意，否则，一律不得收集和使用他人的个人信息，奉行"原则上禁止，例外许可"的基本原则。

1977—2017年，《联邦数据保护法》一直依据欧盟及德国颁布的与数据保护相关的法律、指令进行小范围的修订，截至2017年，该法已经修订了12次。[①] 但该法对数据收集中的通知权、删除权等权利和同意的规定，属于一般人格权在个人信息保护法律中的具体化。[②]

（二）20世纪80年代后：基于"个人信息自决权"的同意规则

1983年，德国联邦宪法法院审理"人口普查案"，[③]首次提出并确立了"信息自决权"的概念，从此，个人信息自决理论被作为德国确立个人信息受法律保护的思想源头。在这一理论的推动下，德国国会开始对个人信息保护的修法进程，将《联邦数据保护法》立法目的由20世纪70年代侧重于"个人数据处理时的保护和防止数据滥用，从而保障当事人的数据相关权益"，过渡到20世纪80年代后期的"保障个人的一般人格权，但在一定程度上倡导数据合法流通"，[④]多次修订旨在保护公民的人格权，防止公民的个人数据在处理过程中受到侵害。其适用范围涵盖个人数据处理的全过程，调整联邦公共机关、州政府的公共机关和私人机构对个人数据的处理行为。

在个人信息自决权基本理论的指引下，《联邦数据保护法》最初通过赋予个人对个人信息的一系列权利（例如知情权、修改权、披露权、删除权、使用权等）强化个人对个人信息的控制权能。该法确定了德国数据保护领域公私二元制的立法模式，规范的核心问题在于如何防范政府滥用个人数据，而非倡导对个人数据的合理使用，整体呈现较为严格的管制倾向。[⑤] 随着

① 2019年11月20日，德国《联邦数据保护法》进行了最新一次修改，但只涉及其中第12条内容，即《联邦法律公报》内容的修改。本书下文对《联邦数据保护法》的综述内容以2017年的版本为参考。

② ［德］卡尔·拉伦茨：《德国民法通论》（上册），王晓晔等译，法律出版社2003年版，第174页。

③ BverfGE 65，1—Volks Eaehlung.

④ 王泽鉴：《人格权的具体化及其保护范围·隐私权篇（上）》，《比较法研究》2008年第6期，第18页。

⑤ 任文倩：《德国〈联邦数据保护法〉介绍》，《网络法律评论》2016年第1期，第62页。

信息经济的蓬勃发展，个人信息的利用价值不断显现，这一个人全面控制个人信息的立法模式越来越无法适应现实需求，随后《联邦数据保护法》进行数次修订多是增加例外规定，例如在广告领域的个人信息使用问题、征信领域个人信息的使用问题等作出了修订。①

1. 扩充数据处理的合法性基础

最新修改的《联邦数据保护法》关于“数据收集、处理和使用的许可”的内容主要集中规定在第4条。② 从该条看，对个人数据处理的合法性基础并非仅以数据主体同意为主，还可以由法律明文规定，并且法律的范围不限于数据保护法。此外，个人数据主体作为数据提供者，应积极参与数据的收集过程，但在特殊情况下，数据收集者还可直接收集其个人数据，其范围限定为法律的强制规定、履行行政职责或商业目的需要，以及依据比例原则可从他处收集数据且不以损害数据主体合法利益为前提。

2. 强化数据控制者的告知义务

数据控制者从数据主体处收集个人数据应当履行告知义务，以保障数据主体作出的同意充分有效。为此，*BDSG* 第4条第(3)款规定了数据控制者应当告知数据主体的事项，具体包括：① 数据控制者的身份；② 数据收集、处理或者使用的目的；③ 数据接收者的种类(只要数据主体无法根据个案情况预计哪些数据将传输到此类接收者)。如果从数据主体处收集个人数据是依据法律条文的规定，则数据主体有义务必须提供此类信息，或者提供这些信息是其获得法律利益的前提条件。数据主体应当被告知的事项还包括：① 提供信息是数据主体自愿，还是法律强制；② 法律的具体规

① 刘金瑞：《德国联邦数据保护法2017年版译本及历次修改简介》，方小敏：《中德法学论坛》(第14辑·下卷)，法律出版社2018年版，第343页。

② *Federal Data Protection Act* (*BDSG*), Article 4, http://www.gesetze-im-internet.de/englisch_bdsg/englisch_bdsg.pdf.《联邦数据保护法》第4条第1款规定：“只有在本法或者其他法律条文允许或者规定，或者数据主体已经同意时，个人数据的收集、处理和使用才是被许可的”。第2款规定：“个人数据应该从数据主体处收集，只有在下列情形中，才可以进行没有数据主体参与的收集：① 法律明文规定或者强制许可此种收集；② (a) 应执行的行政职责的性质或者商业目的使从其他个人或者机构处收集数据成为必要，(b) 从数据主体处收集数据需要付出不成比例的代价，并且没有迹象表明数据主体主要的合法利益受到了侵害。”参见刘金瑞：《德国联邦数据保护法2017年版译本及历次修改简介》，方小敏：《中德法学论坛》(第14辑·下卷)，法律出版社2018年版，第343—388页。

定;③ 拒绝提供个人信息的后果。

3. 明确同意的基本要求

对于同意需要满足的基本要求规定在《联邦数据保护法》第 4a 条。首先,该条第(1)款规定同意是基于数据主体自由决定而作出的,如果不满足自由要件的同意是无效的。其次,同意的形式要件不受限于书面形式,如果情况特殊采取其他形式作出的同意也具有合理性,可以认定为有效的同意;第(2)款以科学研究领域为例说明,如果采用书面形式会使特定研究目的受到严重侵害的,属于"情况特殊"所涵盖的范围,在这种情况下可以采用其他方式作出同意,同时应该将应当告知的信息、特定研究目的、将受到侵害的原因,以书面形式记录下来。并且,如果数据主体的同意是与其他书面声明一起提供给数据控制者的,二者在外观上应当满足可以明确区分。第 3 条还规定了特殊种类的个人数据的收集、处理或者使用规则。

二、英国:从保护个人信息到促进数字经济发展

(一) 1984 年首部《数据保护法》:强化个人信息保护

英国于 1984 年通过了首部《数据保护法》(*Data Protection Act*)。有学者评价该法"在制定过程中刻下了实用和功利主义的烙印,其具体内容更明显地体现出英国在资料保护上的实用主义策略"。[①] 之后,欧盟于 1995 年制定《个人数据保护指令》,英国也随之修改了《数据保护法》的内容,并颁布了 1998 年版的《数据保护法》,20 年中发挥了重要的作用。但是,随着技术和社会的不断演进变化,一方面物联网、社交媒体等制造了海量的数据;另一方面对数据进行收集、存储、分析成本的降低以及数据挖掘能力的增强,也使得数据为技术创新不断提供重要的原材料。[②] 这些变化和机遇深刻影响并改变着人类生产生活和社会服务的方方面面,但同时也带来数据安全的风险和威胁。

① 孔令杰:《个人资料隐私的法律保护》,武汉大学出版社 2009 年版,第 123 页。

② The Value of Big Data and the Internet of Things to the UK Economy, Feb 2016, CEBR & SAS.

（二）2018年全新《数据保护法》：推动数字经济发展

2017年3月1日，英国政府发布《英国数字战略》，全面部署数字经济的重要战略计划，力图推进数字转型，最大限度地释放数据对本国经济的红利，同时建立公众的信任。同年8月7日，英国数字、文化、媒体和体育部（Department for Digital, Culture, Media and Sport）发表《新的数据保护法：计划的改革声明》，[①]指出英国即将通过一部全新的数据保护立法，以实现政府对个人数据的保护。数字经济发展的驱动要素是数据，而政府需要着重解决的问题是给予个人对其个人数据的充分保护。因此，一部数字经济时代的数据保护法案呼之欲出；[②]同时，还指出，英国全新的《数据保护法》应当全面配合欧盟《统一数据保护条例》（*GDPR*）、《数据保护法执法指令》（*Data Protection Law Enforcement Directive*）、欧洲委员会《个人数据处理中的个人保护公约》（*Convention for the Protection of Individuals with Regard to the Processing of Personal Data*）三份国际文件。英国最新的《数据保护法》必须符合上述文件的规范要求，以确保英国与欧盟各成员国之间数据流动的安全。这部《数据保护法》于2018年正式生效，是欧盟第一部个人信息保护的国内立法。

根据英国最新的《数据保护法》，同意规则变得更为严格，数据主体的权利也规定得更加清晰，执法力度进一步加强。对于同意制度的确立与发展，《数据保护法》一直紧跟个人数据保护与应用实践，与1998年版《数据保护法》相比，在最初确立个人信息处理应经主体同意的原则基础之上，2017年修订时增加了同意生效的具体条件：① 同意必须符合"明确且易于撤回"的标准；②《数据保护法》规定数据控制者可以披露第三人信息的条件之一是"第三方主体同意其个人信息被披露"，而第三方是否具有表示同意的能力和第三方是否明确拒绝同意也是该法在适用时应当考量的重要因素。《数

---

① A New Data Protection Bill: Our Planned Reforms, https://www.gov.uk/government/uploads/system/uploads/attachment_data/file/635900/2017-08-07_DP_Bill_-_Statement_of_Intent.pdf.

② 何波：《英国新数据保护法案介绍与分析》，https://www.sohu.com/a/164535523_735021. 最后访问日期：2020年8月20日。

据保护法》明确排除了"选择退出"(opt-out)或预先选定的"勾选框"的模式不是有效的同意。此外,在为 13 岁以下的儿童提供收集、处理个人信息的服务时,必须事先征得其监护人的同意。除此之外,《数据保护法》还对同意的撤回条件作出了全新规定。

1. 新增同意成立的条件

对同意的定义,英国新《数据保护法》沿用了 *GDPR* 的规范内容,即个人信息主体需要基于主体的真实个人意愿做出有效的同意,个人信息主体需要在自由、明确、知情的前提下,清楚地通过陈述或积极行为表示对其个人数据进行处理的同意,[①]并且在第一部分"导引"中规定,个人数据处理的合法性基础需与 *GDPR* 保持一致;此外,还通过第 8 条对其中的"公共利益"及"数据处理者的法定义务"作了进一步的补充和说明。

GDPR 并未对执法机构包括数据共享及传输等方面的数据处理作出规定,而英国新《数据保全法》则将欧盟《数据保护法执法指令》的内容进行了转化,在其第三部分为执法部门的数据处理提供了通用规则。[②]

(1) 执法机构对个人数据处理应当遵循六项基本原则:合法、公正原则;目的明确、特定及正当原则;充分、相关及非过度原则;准确、及时与更新原则;保存不超过必要限度原则;处理安全原则。其中,首要原则便是合法、公正原则(lawful and fair),是一般个人数据处理的合法性基础。个人数据处理只有基于法律并且符合下列情形之一才被认为是合法的:① 得到数据主体的同意;② 相关执法当局履行职责之必需。[③] 在满足合法条件的基础上,一般个人数据被执法机构处理的情形仅有两种:个人主体同意和执法当局的职务行为。

(2) 对于敏感个人数据[④]处理仅限于以下两种法定情形:一是数据主

---

① *Data Protection Act*, Article 84(2).

② 张继红:《英国 2017 年〈数据保护法案〉评介及启示》,程卫东、李以所:《欧洲法律评论》(第三卷),中国社会科学出版社 2018 年版,第 172 页。

③ *Data Protection Act*, Article 35(2).

④ "敏感个人数据"是指涉及个人种族或种族起源、政治观点、宗教或者哲学信仰、社团身份、能够辨识个人的基因或生物数据、健康数据,以及性生活或性取向等信息。参见 *Data Protection Act*, Article 35(8).

体明确同意(explicit consent)，并基于执行法律之目的处理数据，且在数据处理过程中，数据控制者应持有合法的政策文件；二是数据处理是基于执行法律目的之必需，且满足附录 8 中规定的任一条件，并且在数据处理过程中，数据控制者应持有合法的政策文件。[①]

2. 规定数据主体的拒绝权

GDPR 和《数据保护法执法指令》并没有对基于国家安全目的处理个人数据的问题作出规定，为确保国家情报部门能够及时应对在个人数据处理中出现的国家安全威胁，新《数据保护法》以修订后的《个人数据处理中的个人保护公约》以及 1998 年版的《数据保护法》为基础，在第四部分专门规定了情报工作的数据处理规则，其中，第三章规定了数据主体的五项权利：知情权、获取权、拒绝权、更正权和删除权。

数据主体针对数据控制者的数据处理行为，既有权作出同意的决定，也有权反对和拒绝。因此，《数据保护法》规定，数据主体可以基于该数据处理会导致干预其利益或权利等特定理由，有权在任何时间通知数据控制者不得处理与其相关的个人数据或者不能以特定目的或以特定方式处理其个人数据。[②]

3. 披露第三人数据的同意

新《数据保护法》第四部分第三章规定了数据主体的五项权利，其中的获取权(right to access)是指个人有权从数据控制者处获知其个人数据是否被处理的权利。如果其个人数据正在被处理，则数据主体有权获知处理的法律基础和目的、个人数据的类别及接受者、个人数据的存储期限、更正和删除权，以及向专员申诉权等信息。[③]

同时，针对披露第三人数据的情况需符合的条件作出规定：在数据控制者披露与第三人有关且能识别到该个人的数据时，应当满足的条件之一是取得该主体对披露个人数据的同意。[④] 在考察是否符合同意有效性条件

---

① *Data Protection Act*, Article 35(4)(5).
② *Data Protection Act*, Article 99(1).
③ *Data Protection Act*, Article 94(2).
④ *Data Protection Act*, Article 94(6).

时，有四项因素：① 第三人是否负有保密义务；② 数据控制者获取同意的方式；③ 第三人是否有能力做出同意；④ 第三人是否拒绝同意。[①]

4. 对未成年人的保护

GDPR 第8条第1款规定，对于向儿童直接提供信息服务的提供商，如果儿童年龄不满16周岁，个人数据的处理行为只有在获取了该儿童监护人的同意时才是合法的。成员国出于特定目的可以在法律上规定更加低的年龄界限，但是不得低于13周岁。换言之，对于在信息服务领域涉及未成年人对其自身个人数据处理能够同意的最低年龄限制，*GDPR* 允许其成员国在13—16周岁内自主选择。

依据 *GDPR* 上述规定，英国新《数据保护法》第9条规定对个人数据处理能够表示同意的最低年龄是13周岁，并且指出，这里提供的“信息社会服务”（information society services）并不包括预防性或咨询性服务（preventive or counseling services）。因此，向不满13周岁的未成年人提供信息社会服务，必须取得其监护人的同意。

英国政府将保护未成年人的网络安全置于其首要任务之一。“互联网安全战略”[②]（Internet Safety Strategy）已经开始实施，其主要目标就是向未成年人和青年人提供更加安全的网络环境。新《数据保护法》是对这一战略在法律层面的贯彻实施。

三、欧盟：以 *GDPR* 为核心的全面同意规则

（一）*GDPR* 立法背景及主要内容

2012年1月25日，欧盟委员会首次发布数据保护框架修订建议。2014年3月12日，欧盟议会采纳了多项建议案的文本内容，形成欧盟议会稿。2015年12月15日，欧盟议会、欧盟理事会和欧盟委员会通过磋商达成协议，同月17日签署了数据保护条例文本。2016年4月14日，欧盟议会正式批准

① *Data Protection Act*, Article 94(9).

② Government Launches Major New Drive on Internet Safety, https://www.gov.uk/government/news/government-launches-major-new-drive-on-internet-safety.

了《统一数据保护条例》,使其成为在欧盟具有法律效力的立法文件;最终,于2018年5月25日正式生效。这项新的立法采用"条例"(regulation)形式,效力强于"指令",其直接适用于成员国而不再需要国内法转化,效力优先于国内法。①

正式生效的*GDPR*是在《个人数据保护指令》基本内容上进行修改和完善,综合现有的各类数据保护和流通规则形成数据处理规则,继续强化个人信息保护权利形成数据主体权利,完善数据控制者和处理者的义务以确保数据安全,极力促进"数字单一市场"战略建设。*GDPR*解决了因《个人数据保护指令》不具有直接法律效力而致各成员国在制定国内法时出现的立法和执法难题,统一各成员国的个人数据保护程度至相同水平,促进个人数据在欧盟成员国内自由流通,为消费者和企业在欧洲范围内获得在线商品和服务提供了便利条件,最大限度地发挥了欧洲数字经济增长潜力。*GDPR*取代《个人数据保护指令》规范欧盟范围内的数据保护和流通,但同意原则仍属于重要的核心原则。② 欧盟的立法模式代表了当今世界国家和地区多数立法模式现状,即欧洲国家现行的个人信息保护机制均建立在信息主体同意的基础之上,并有不断加强同意规则重要性的发展趋势。这一做法延续了欧洲一贯以保护人权价值为核心理念的精神。

(二)同意的相关规定

*GDPR*对同意原则进行了全面系统的规定,包括同意的含义、有效要件及形式,沿袭了《个人数据保护指令》的立法模式,运用多个具体条文列举了一般情况下数据处理应符合的合法性基础,既包括数据主体的同意,也包括其他合法性基础。

1. 同意的定义及有效要件

*GDPR*明确了"同意"的定义,同意是指数据主体自由作出的(freely

① 谢罡:《欧盟法中的指令》,《人民法院报》2005年7月1日,第4版。

② Shara Monteleone. Addressing the Failure of Informed Consent in Online Data Protection: Learning the Lessons from Behaviour-Aware Regulation. *Syracuse Journal of International Law and Commerce*, Vol. 43, No. 1, 2015. pp. 69 - 120.

given)、具体的(specific)、知情的(informed)、明确的(unambiguous),通过声明或肯定性行为表示对其个人数据进行处理的同意。[①] 这一定义确定了同意的四项基本生效要件:① 自由要件;② 具体要件;③ 知情要件,知情是作出有效同意的基础,因此满足知情要件是同意生效的内在要求;④ 具体要件,与《个人数据保护指令》相比,*GDPR* 增加了具体要件,即针对个人信息处理的同意必须针对特定处理目的作出,泛化的同意和概括式同意均不得生效。

2. 同意的撤回

GDPR 第 7 条规定数据主体有权在任何时候撤回其同意。该撤回不具有溯及力。在做出同意的意思表示之前,应将上述事项明确告知数据主体。撤回同意和做出同意应一样容易。[②] 这无疑为个人信息主体提供了更加有力的保护,体现了欧盟个人信息保护立法着重保护个人信息主体权利的宗旨,同时,也反映了同意制度的发展趋势,从最初的未经同意一律不得收集个人信息过渡到现今的同意作为个人信息处理的合法性基础之一,可视为个人信息保护立法理念的巨大进步,也符合当下欧盟以及世界各国促进个人信息流通和利用的主要立法目的。

3. 处理未成年人个人信息的同意规则

除对个人信息处理提供一般性保护外,*GDPR* 还对未成年人个人信息的处理给予了特别的关注。*GDPR* 第 8 条规定,对年龄不小于 16 周岁的儿童的个人数据进行的处理行为仍适用第 6 条的合法性基础,即与一般个人数据处理的合法性基础一致。但对年龄不满 16 周岁的儿童,处理行为只有在获取了该儿童的监护人的同意时才是合法的。成员国出于特定目的可以在法律上规定更加低的年龄界限,但是不得低于 13 周岁。

四、美国:从"隐私权"到"信息隐私权"

美国向来崇尚自由主义,无论是法律领域还是社会生活领域都深刻体

---

① *General Data Protection Regulation*, Article 4(11).

② *General Data Protection Regulation*, Article 7(3).

现了自由主义思想，这一思想理念被约翰·密尔详细描述为："人类之所以有权可以个人地或者集体地对其中任何分子的行动自由进行干涉，唯一的目的只能是自我防御。"[①]在自由主义的价值观念指引下，美国的个人数据与隐私保护立法模式是将一切保护对象纳入广义上的隐私权的范围内，通过立法回应社会关切的金融、医疗、儿童、消费者等不同层面问题，之后把剩下的规制需求交给市场，并通过个案审查的方式加以保护。[②] 这些立法解决的都是特定领域或行业的隐私或数据保护问题，当前美国并未在联邦层面形成统一的个人信息保护法律。美国企业更倾向于隐私自治，该自治大多数是通过"通知与选择"(notice and choice)的方式，以实现隐私的自治。此外，美国大部分企业都由美国贸易委员会(FTC)进行监管，贸易委员会有权对企业不公平或欺诈的行为进行调查与执行，包括违反隐私声明、未落实数据安全措施、不尊重消费者选择权等行为。

(一) 1974 年《隐私法》

早在 1974 年美国《隐私法》(*The US Privacy Act*)制定前，美国业已通过最高法院的判例法对隐私权开启了宪法保护模式。"公平信息实践准则"对美国《隐私法》的颁布具有重大影响，《隐私法》确立了个人数据记录保护的一系列原则，其中，通过规范数据记录披露条件的方式进一步明确了同意的规定，即"任何机构不得通过任何通信方式向个人或者其他机构披露数据系统中的记录，除非依据与该数据有关的个人的书面申请(written request)或者获得该个人的事先书面同意(prior written consent)"。[③] 同时，该条还规定了这一规则的例外事由：① 为持有该数据的官员或者雇员履行职责的目的；② 实行人口普查计划的目的；③ 为统计研究或报告记录的目的，已经获得数据处理者的事先书面保证，并且该数据无法单独识别到个人；④ 为历史或其他价值而保存到国家档案馆；⑤ 依法或者依书面申请，进行民法

---

① ［英］约翰·密尔：《论自由》，许宝骙译，商务印书馆 1959 年版，第 9 页。

② 齐鹏飞：《论大数据视角下的隐私权保护模式》，《华中科技大学学报(社会科学版)》2019 年第 2 期，第 71 页。

③ Section 3(b) Conditions of Disclosure, *the US Privacy Act of* 1974.

或刑法执法活动，且该数据处于政府机构或者国家控制中；⑥ 针对影响某人健康或者安全的重大情况，前提是该数据披露通知已经发送至该人的地址；⑦ 为政府履行职责的目的；⑧ 依据有管辖权的法院命令。[①]

（二）特定领域的个人信息保护立法

1. 消费者领域

在消费者领域，2015 年 2 月 27 日，美国颁布了《消费者隐私权利法案（草案）》（简称《草案》）。旨在为商业领域建立个人隐私保护的标准，并且通过由不同利益相关者制定的强制性行为准则及时促进、灵活地实施该保护。在为个人数据提供保护的同时，《草案》也支持信息的自由流通，其基本原则的实施可以为个人提供持续有效的隐私保护，同时为技术和商业模式的发展提供充分的灵活性。[②]《草案》旨在增强消费者对个人数据的控制力，包括为消费者提供合理的方法以控制隐私风险；消费者可以撤回之前对于数据收集和使用的同意。此外，《草案》采取弱化消费者同意的重大革新，以数据收集和使用"场景一致"标准，而未强调消费者的同意。这一变化似乎可以认为，"场景一致"标准将取代同意标准，从而构建了大数据时代数据收集、利用数据的新秩序。另外，2018 年美国加利福尼亚州议会通过了《加州消费者隐私法案》，赋予消费者"要求企业披露其所收集的消费者个人信息的类别和具体要素、信息的收集来源类别或出售信息的目的以及信息共享第三方的类别"的权利。

2. 未成年人保护领域立法

为对未成年人的个人信息提供有力保护，美国国会在 1998 年通过了《儿童在线隐私保护法》（*Children's Online Privacy Protection Act*, *COPPA*）。该法规范的是与 13 周岁以下儿童的个人信息有关的收集、使用行为，[③]一般的收集规则须经合法监护人做出可验证的同意后方可收集，[④]

---

① Section 3(b) Conditions of Disclosure, *the US Privacy Act of 1974*.

② The White House. *Consumer Privacy Bill of Rights Act of 2015*.

③ 15 U.S.C. §6501(1).

④ 15 U.S.C. §6501(9).

并且监护人做出的同意是可以撤销的。特殊情况下，无需监护人同意即可收集儿童个人信息，包括：① 从儿童处收集的信息仅用于一次性直接回复来自儿童的特定请求，并不会用于再次联系该儿童，且网络运营者不会以可检索形式保存。② 要求提供家长或儿童的姓名或个人信息，且仅用于取得家长同意或者发布通知；如果在合理时间内未取得家长同意，运营者不会以可检索形式保存前述信息。③ 从儿童处收集的个人信息仅用于不止一次地回应来自儿童的特定请求，且前述信息不会用于除前述请求范围之外对该儿童的再次联系。④ 儿童的名字和个人信息（仅限于保护儿童站点参与的安全而必须且合理的信息）。⑤ 网站或在线服务运营者对信息的收集、使用或散播为保护网站的安全性或完整性，采取预防措施避免责任，应司法程序要求或者在其他法律条文允许的范围内，向执法机构提供信息或者为公共安全相关调查提供信息。①

五、日本：弱化事先同意以促进信息流通

（一）立法背景及主要内容

日本第一部《个人信息保护法》诞生于 2003 年 5 月，并于 2005 年 4 月 1 日正式实施。随着互联网及大数据分析技术不断发展，该法于 2015 年进行大幅修订；随后，日本相继出台了一系列文件，包括实施规则、内阁令、指南等，为修订后的《个人信息保护法》的实施做了充分准备。2017 年 5 月 30 日，新《个人信息保护法》（*Personal Information Protection Act*）在日本全面实施。修改后的个人信息保护规则更注重于推动本国信息产业的发展，通过对个人信息正当处理行为以及个人信息保护的具体措施进行规范，发挥个人信息在实现新兴信息产业发展、推动社会进步方面的作用。

（二）同意的相关规定

在同意制度上，日本 2017 年新《个人信息保护法》与其他许多国家和地

---

① 15 U. S. C. § 6502(b)(2).

区的个人信息处理原则都不同、与其他个人信息保护法强调的事先同意原则不同，日本立法要求对于一般信息以限制滥用为基本原则，而不规定明确同意；但对于特殊类型的个人信息，例如与个人的种族、信仰、社会身份、病史、犯罪经历及其他方面的不当歧视、偏见和其他不利益，需要在处理上予以特别注意的记录等个人信息，新《个人信息保护法》规定必须事先取得个人信息主体的同意。该法第 15 条规定的是个人信息处理者需要遵守的目的特点原则；第 16 条是对处理个人信息应经个人同意的一般原则；第 17 条要求个人信息处理者不得以虚假或者其他不正当的手段获取个人信息；第 18 条提出在个人信息处理者收集个人信息后，应当立即通知本人该个人信息的利用目的。从同意的规范模式上看，新《个人信息保护法》实际上采用了类似“opt-out”[①]的选择退出机制，一定程度上为个人信息处理者收集、使用个人信息提供了便利。其规范是在原则上承认了合法收集、使用个人信息行为的正当性，这与本国“高度信息通信社会”的特点高度相符。[②]

第三节　同意规则的国内立法规范

一、法律规范

（一）《关于加强网络信息保护的决定》

在我国，随着计算机技术手段的高速发展，如何保障网络信息安全以及公民、法人和其他组织的合法权益，维护国家安全和社会公共利益成为社会重点关切问题。早在 2012 年，全国人大常委会通过了《关于加强网络信息保护的决定》，首次确立了网络服务提供者和其他企业事业单位在业务活动

① “opt-out”是与“opt-in”相对应的信息处理规则，“opt-in”，即“选择加入机制”，由用户个人自主选择是否接受网络运营服务商提供的商品或服务，而“opt-out”，即“选择退出机制”，原则上默认用户同意其个人信息被收集、使用、处理，除非用户明示表示拒绝个人信息的处理行为。“opt-in”和“opt-out”两种模式分别体现了“用户优先”和“产业优先”两种思路的取舍，前者更注重用户权利的保障，后者更有利于产业发展的需要。

② 方禹：《日本个人信息保护法(2017)解读》，《中国信息安全》2019 年第 5 期，第 83 页。

中收集、使用公民个人电子信息时，应当遵守的基本原则和基本要求。基本原则包括合法、正当、必要三项原则；基本要求是应当向个人信息主体明示告知收集、使用信息的目的、方式和范围，并且应当经过个人的同意。此外，对个人信息的收集和使用还需满足不得违反法律、法规的规定和双方的约定的要求。这一规定首开收集和使用公民个人信息应当经被收集者同意之先河，基本确立了个人信息收集和使用的同意规则，为其后的法律规范、国家标准关于同意原则的规范奠定了基础，成为其他法律规范文本的基本范式。

（二）《消费者权益保护法》

在消费者保护领域，《消费者权益保护法》作为保护消费者基本权益的基本法，同时涵盖了对消费者的个人信息的合法保护，规定经营者收集和使用消费者个人信息时应当遵循的基本原则和基本要求，其规定内容与《关于加强网络信息保护的决定》的内容一致。此外，还补充规定了在经营者没有获得消费者的同意，或者消费者明确表示拒绝时，不得向消费者发送商业性信息的规范条款，成为经营者在经营活动中应当履行的一项法定义务。

（三）《网络安全法》

2016 年《网络安全法》将个人信息收集和使用的基本原则以及同意规则落实在网络运营活动中，其第 41 条沿袭《关于加强网络信息保护的决定》的内容，未进行任何修改；第 42 条进一步明确了“未经收集者同意，不得向他人提供个人信息”。由此，各类主体收集、利用个人信息的基本原则和要求大体形成：基本原则为：合法、正当、必要；收集、利用个人信息的要求为：公开收集、使用规则，明示收集、使用信息的目的、方式和范围，并经信息主体同意。《网络安全法》将同意作为收集、利用个人信息的唯一合法性基础。

（四）《民法典》

2020 年 5 月 28 日，十三届全国人大三次会议通过《中华人民共和国民法典》（简称《民法典》），首部《民法典》的诞生标志着我国迎来“民法典时代”。《民法典》共设七编，其中单独规定一章对“隐私权和个人信息保护”作出了全面系统的规范。依据《民法典·总则》提出的保护个人信息的要义，《民法典·人格权编》第六章通过8个条文分别确立了对隐私权和个人信息的私法保护，尤其确立了个人信息作为一项新型人格权益的合法地位，其中对个人信息保护的内容主要集中在第1034—1039条，包括：对个人信息的定义；[①]处理个人信息的基本原则和必要条件；[②]实施处理个人信息行为的免责事由；[③]个人信息主体的合法权利例如查阅、复制权及更正与删除权；[④]个人信息收集者和处理者应承担的义务，[⑤]以及国家机关及其工作人员对个人信息的保密义务。[⑥]

而个人信息保护规范建构中最能践行这一理念的便是同意原则，即个人信息的收集、处理等行为经个人信息主体同意的法律规范。关于个人信息主体的同意原则首见于《民法典·人格权编》第1035条，其不仅明确了收集、处理自然人的个人信息应遵循合法、正当、必要原则，而且应当符合以下四项条件：① 征得该自然人或者其监护人同意，但是法律、行政法规另有规

① 《民法典》第1034条规定：“个人信息是以电子或者其他方式记录的能够单独或者与其他信息结合识别特定自然人的各种信息，包括自然人的姓名、出生日期、身份证件号码、生物识别信息、住址、电话号码、电子邮箱、行踪信息等。”

② 《民法典》第1035条规定：“处理自然人个人信息的，应当遵循合法、正当、必要原则，不得过度处理，并符合下列条件：（一）征得该自然人或者其监护人同意，但是法律、行政法规另有规定的除外；（二）公开处理信息的规则；（三）明示处理信息的目的、方式和范围；（四）不违反法律、行政法规的规定和双方的约定。”

③ 《民法典》第1036条规定：“处理自然人个人信息，有下列情形之一的，行为人不承担民事责任：（一）在该自然人或者其监护人同意的范围内合理实施的行为；（二）合理处理该自然人自行公开的或者其他已经合法公开的信息，但是该自然人明确拒绝或者处理该信息侵害其重大利益的除外；（三）为维护公共利益或者该自然人合法权益，合理实施的其他行为。”

④ 《民法典》第1037条规定：“自然人可以依法向信息处理者依法查阅或者复制其个人信息；发现信息有错误的，有权提出异议并请求及时采取更正等必要措施。自然人发现信息处理者违反法律、行政法规的规定或者双方的约定收集、处理其个人信息的，有权请求信息处理者及时删除。”

⑤ 《民法典》第1038条规定：“信息处理者不得泄露、篡改其收集、存储的个人信息；未经自然人同意，不得向他人非法提供其个人信息，但是经过加工无法识别特定个人且不能复原的除外。信息处理者应当采取技术措施和其他必要措施，确保其收集、存储的个人信息安全，防止信息泄露、篡改、丢失；发生或者可能发生个人信息泄露、篡改、丢失的，应当及时采取补救措施，按照规定告知自然人并向有关主管部门报告。”

⑥ 《民法典》第1039条规定：“国家机关及其工作人员对于履行职责过程中知悉的自然人的隐私和个人信息，应当予以保密，不得泄露或者向他人非法提供。”

定的除外;② 公开处理个人信息的规则;③ 明示处理个人信息的目的、方式和范围;④ 不违反法律、行政法规的规定和双方的约定。从语义表达上看,这四项要件需同时满足方可对个人信息进行处理,假如缺少或违反任何一项要求,都可能构成违法行为。从逻辑顺序上看,"自然人或其监护人同意"成为四项要件之首,也是民法规定唯一一项个人信息处理的合法性事由,即必要条件。

而《民法典》第 1037 条对同意法律效果的规定不同于第 1035 条,其并未从正面约束个人信息处理者的信息处理行为,而是列举了三项个人信息处理者可以免于承担民事责任的事由(即免责事由),其中第一项即个人信息主体或其监护人的同意。与 2014 年《最高人民法院关于审理利用信息网络侵害人身权益民事纠纷案件适用法律若干问题的规定》相比,《民法典》1037 条将规范行为的范围扩大,适用情形仅用"收集、处理自然人个人信息"表述,既包括依托互联网进行的个人信息收集、处理活动,又将线下个人信息收集、处理行为[①]纳入法律规制,而对后者的采集通过人们参与社会活动方式获得,是人类社会生活中不可或缺的重要个人信息来源。此外,1037 条对个人信息主体做出同意的形式并无限制,放宽单一的书面同意形式的限制更具合理性和现实可行性。

(五)《个人信息保护法》

2021 年 4 月 29 日,备受关注的《中华人民共和国个人信息保护法》(简称《个人信息保护法》)由第十三届全国人大常委会第二十八次会议审议并发布第二次审议稿,并于 4 月 29 日—5 月 28 日期间向全社会征求意见。《个人信息保护法》为我国建立良善的个人信息利用和流通秩序奠定了基础,其内容总共包括八章,分别是总则、个人信息处理规则、个人信息跨境提供的规则、个人在个人信息处理活动中的权利、个人信息处理者的义务、履行个人信息保护职责的部门、法律责任以及附则。总体来看,其既规定了个

① 具体场景,例如房产买卖或租赁、酒店、体检、培训、亲子教育、健身、快递等各行各业,均在线下收集大量的个人信息。

人信息主体的法定权利和个人信息处理者的法定义务及责任，也规定了个人信息处理活动应遵循的基本原则和行为规范，全面、细致地确立了我国个人信息处理行为的法律规范依据。

关于《个人信息保护法》(审议稿)的讨论持续进行，其中关注焦点之一便是贯穿整部法律的同意规则。从体系结构上看，同意规则在总则中的个人信息处理基本原则和一般规则、特殊类型个人信息的处理规则、个人信息跨境传输的规则、个人信息主体的权利章节中均有规定。

1. 规定个人信息处理的基本原则

在个人信息处理的基本原则规定上，《个人信息保护法》第 6 条规定："处理个人信息应当具有明确、合理的目的，并应当限于实现处理目的所必要的最小范围、采取对个人权益影响最小的方式，不得进行与处理目的无关的个人信息处理。"同意须针对明确、合理的个人信息处理目的，这是对于同意实质要件的要求，并应当进一步符合目的限定的要求。第 7 条规定："处理个人信息应当遵循公开、透明的原则，公开个人信息处理规则，明示处理的目的、方式和范围。"这一条是对知情的要求，体现为个人信息处理者应当履行告知个人信息处理规则及公开、透明的个人信息处理义务。总则部分虽然是对个人信息处理活动基本原则的规定，但暗含了同意规则的具体要求，需要在整个个人信息处理活动过程中贯彻落实。

2. 规定个人信息处理的一般规则

在个人信息处理的一般规则中，《个人信息保护法》确立了全面的同意规则，其第 13 条扩充了《民法典》1035 条的内容。第 14 条是对同意的全面规定，包含两层含义：一是对同意的具体要求，应当满足知情、自愿、明确的要求，而对于同意的一般形式并未直接规定，只在特殊法定情况下需要符合单独同意或书面同意要求；二是需要重新取得同意的情形，由于个人信息处理的目的、方式、种类发生变更，其与之前个人信息主体掌握的情况不同，因此是否可以合法处理个人信息就还需要再次征得个人同意。第 15 条关注未成年人个人信息权益，其规定划分未成年人是否具有同意能力的界线是 14 周岁，与法律行为能力的规定有明显区别，可以看出，立法者对于同意能力的理解与民法上行为能力的理解不同。第 16、17 条确立了个人信息主体享有撤回同意的自由，并且对个人信息处理者提出限制要求时不得以个人拒绝同意或撤回同意为由拒绝提供产品或者服务，旨在建立真正符合自由要件要求的同意规范。当下很多商品或服务均设置了使用限制，如果用户不点击“同意”便无法获取基本的商品或者服务，而这一现象在《个人信息保护法》的规定下无疑是应当被禁止的。《个人信息保护法》的另一亮点是充分规定了个人信息处理者的告知义务内容，具体体现在第18、19条的规定，包括告知的时间点、告知的要求、告知的形式和告知的具体内容，以及不需要告知的特殊情形。此外，第22条规定了对个人信息转委托处理需要经个人处理者的同意；第24、28、30条规定了个人信息处理者向第三方提供个人信息、公开个人信息、处理敏感个人信息时应当取得个人同意的规则。

通观《个人信息保护法》全文，几乎可以得出这样的结论：个人信息处理活动以同意规则为核心行为规则，从个人信息处理的事前、事中、事后建立了全面的同意规制模式，并且对于同意的要求有较为详细的规定，具有可操作性。然而，对同意的法律效果较《民法典》而言没有发展。总之，在立法层面我国对于个人信息保护同意规则的法律效果为空白。

二、行政法规和部门规章

在电信和互联网领域，为保护用户的个人信息，工业和信息化部于2013年发布了《电信和互联网用户个人信息保护规定》，其第9条规定在未取得用户同意的前提下，电信业务经营者和互联网信息服务的提供者不得收集、使用用户个人信息的基本规则。同年颁布的《征信业管理条例》第13、14、16、20条规定，征信机构收集个人信息、利用个人信息、向他人提供信息必须经过信息主体的同意。上述两份规范性文件的内容均与《关于加强网络信息保护的决定》一脉相承。

为对未成年人个人信息权益提供充分保障，2019年国家互联网信息办公室审议通过了《儿童个人信息网络保护规定》，以“保护儿童个人信息安全，促进儿童健康成长”为基本目标，其第7条确立了网络运营者收集、存储、使用、转移、披露儿童个人信息的五项基本原则，即正当必要原则、知情同意原则、目的明确原则、安全保障原则、依法利用原则。第 9 条规定网络运营者应当以显著、清晰的方式告知儿童的监护人并征得其同意,依据第 10 条的规定,如果告知事项发生实质性变化,应当再次征得监护人的同意;同时,该条明确强调网络运营者在征得同意时,应当同时提供拒绝选项。

三、司法解释

在司法解释层面,2014 年最高人民法院《关于审理利用信息网络侵害人身权益民事纠纷案件适用法律若干问题的规定》①一改以往法律及行业规范的表述方式,并未从正面规定收集、使用个人信息须经被收集者同意,而是将自然人的书面同意列为一项行为人免于承担侵权责任的合法事由。这一规定涵盖的个人信息利用行为仅为网络用户或网络服务提供者利用网络公开个人信息,因其列举的个人信息多涉及隐私,对外公开后可能造成他人隐私利益受损,所以,为平衡信息主体与网络服务提供者之间的利益,将当事人同意列为一项可以免除网络服务提供者侵权责任的事由实属合情、合理之举。

四、国家标准

在国家标准层面,涉及个人信息利用及保护的国家标准主要有:《信息安全技术 公共及商用服务信息系统个人信息保护指南(GB/Z 28828—2012)》(简称《个人信息保护指南》)和《信息安全技术 个人信息安全规范(GB/T 35273—2020)》(简称《个人信息安全规范》)。2012 年,《个人信息保护指南》就明确在处理个人信息前要征得个人信息主体的同意,同意的形式既包括默许同意,也包括明示同意。② 此外,还将个人信息分为个人一般信

① 《关于审理利用信息网络侵害人身权益民事纠纷案件适用法律若干问题的规定》第 12 条规定:"网络用户或者网络服务提供者利用网络公开自然人基因信息、病历资料、健康检查资料、犯罪记录、家庭住址、私人活动等个人隐私和其他个人信息,造成他人损害,被侵权人请求其承担侵权责任的,人民法院应予支持。但下列情形除外:(一) 经自然人书面同意且在约定范围内公开"。

② 《信息安全技术:公共及商用服务信息系统个人信息保护指南(GB/Z 28828—2012)》第 5.2.3 条。

息与个人敏感信息两类。收集个人一般信息，既可以明示同意，也可以默许同意，但在收集个人敏感信息时，必须要得到主体的明示同意。2017年，《个人信息安全规范》除提出收集个人敏感信息时的明示同意规定①外，还对明示同意进行了定义并举例，即"个人信息主体通过书面声明或主动做出肯定性动作，对其个人信息进行特定处理做出明确授权的行为"，其中书面声明，即书面形式的同意，而肯定性动作包括"个人信息主体主动作出声明（电子或纸质形式）、主动勾选、主动点击'同意''注册''发送''拨打'等"。②此外，《个人信息安全规范》规定的个人信息安全基本原则中有两条与同意有关，分别是选择同意原则和最少够用原则。选择同意原则要求"向个人信息主体明示个人信息处理目的、方式、范围、规则等，征求其授权同意"；最少够用原则规定："除与个人信息主体另有约定外，只处理满足个人信息主体授权同意的目的所需的最少个人信息类型和数量。目的达成后，应及时根据约定删除个人信息。"③需指出的是，虽然《个人信息保护指南》和《个人信息安全规范》对同意的形式及告知的内容作出了比较细致的规定，但未有任何关于同意法律效果的规范性表达。

第四节　个人信息立法中同意的法律规范总结

一、个人信息立法模式总结

从前文对国内外个人信息保护法的主要内容及其中同意规则的梳理中可以得出以下结论：同意规则实现路径的不同源于各国（地区）对个人信

① 《信息安全技术：个人信息安全规范（GB/T 35273—2017）》第5.5条。

② 《信息安全技术：个人信息安全规范（GB/T 35273—2017）》第3.6条。2020年《信息安全技术　个人信息安全规范（GB/T 35273—2020）》对同意作出形式进行修改。第3.6条规定：明示同意是"个人信息主体通过书面、口头等方式主动作出纸质或电子形式的声明，或者自主作出肯定性动作，对其个人信息进行特定处理作出明确授权的行为"，而其中的肯定性动作仅包括"个人信息主体主动勾选、主动点击'同意''注册''发送''拨打'、主动填写或提供等"。这一表述上的修改更加合理、准确。

③ 《信息安全技术：个人信息安全规范（GB/T 35273—2020）》，第4条c、d。

息的法律保护模式不同，而法律保护模式又源于个人信息的权利基础的定位不同。从国外立法模式看，上述代表国家（地区）的数据保护法可分为三类：欧洲"统一式"立法模式；美国"分治式"立法模式；日本"折中式"立法模式。

欧洲国家历来重视人权保护，因此在立法模式上将个人信息作为一项基本权利，注重保护人格尊严，其立法目的即为"保护自然人的基本权利和自由，尤其是自然人的个人数据保护权"。欧盟的立法模式代表了当今世界各国（地区）多数立法模式的现状，欧洲国家现行的个人信息保护机制建立在信息主体同意的基础之上，并有不断加强同意规则重要性的发展趋势。以欧盟 *GDPR* 为范本的个人信息保护法均强调个人对其个人信息的严格控制，欧盟 *GDPR*、德国 *BDSG*、英国《数据保护法》都将个人信息主体的同意赋予了重要地位，具体表现为通过规定同意等个人信息处理的合法性基础，以及赋予个人被遗忘权、删除权等权利，反对包括人格画像在内的信息自动化决策，明确从制度设计入手来保护个人信息，这一做法延续了欧洲一贯以保护人权价值为核心理念的精神。

在自由主义的价值观念指引下，美国的个人数据与隐私保护立法模式是将一切保护对象纳入广义上的隐私权的范围内，通过立法回应社会关切的金融、医疗、儿童、消费者等不同层面问题，之后把其他的规制需求交给市场，并通过个案审查的方式加以保护。

与欧美原生制度国家相比，日本兼收并蓄地吸收了以上两类立法模式的优势制度，在较短时间内通过努力将欧美的个人信息保护制度有机地移植，并逐步构建起适合自身实际情况的同意规则。日本的《个人信息保护法》的内容既有采用欧洲"统一式"管理的基本法（第一—三章），又有美国"分治式"管理的一般法（第四—六章）。此外，日本近年来频繁修改本国的个人信息保护立法，根本原因是希望通过先进的个人信息保护和流通规范促进数据在日本全社会的共享利用，最大限度地发挥数据红利，以推进日本的信息技术发展，例如在个人信息处理的方式上采用"择出机制"，能最大限度地保障信息利用和流通。

二、同意的法律规范总结

无论是欧洲国家的“统一式”个人信息保护模式，或是美国的“分治式”个人信息管理机制，还是日本的“折中式”个人信息立法形式，都通过法律规范建立了个人信息保护下的“知情同意规则”，足见“知情同意规则”在个人信息保护制度中的重要地位。上述国家（地区）的个人信息保护立法中对同意的法律效力规范呈现如下特点。

（一）同意规则是各国个人信息保护的基本原则和个人信息处理的合法性基础

从横向上看，欧洲各国均将个人信息主体的同意作为个人信息保护的一般规则，同时规定同意是个人信息处理的合法性基础之一；美国消费者领域、医疗健康领域、未成年人的个人信息保护均确立了不同程度和条件的同意规则；日本《个人信息保护法》虽奉行“同意为例外”的基本规则，仅针对“需注意的个人信息”的处理活动需要个人同意，但同意仍是处理特定类型个人信息的合法性基础。从纵向比较上看，在各国的个人信息保护法发展历程中，对于个人信息处理规则基本符合从严到宽的规范趋势，由最初的防范个人信息滥用、加强个人信息保护和国家的严格管制，到将同意等多项合法性事由列入法律，注重促进个人信息的合理使用。

（二）同意规则作为一项旨在保护个人信息安全与信息主体利益的基本原则，从形式上看属于行为规制保护模式

对于一项合法利益的保护，相关立法既可以采权利化保护模式，也可采行为规制保护模式。权利化保护模式通过设定具体的权利类型为相应利益提供保护，将保护的利益划归权利人享有，这种权利通常是排他性的，因此保护力度较强。行为规制保护模式是从他人行为控制的角度来构建利益空间，通过他人特定行为的控制来维护利益享有者的利益，相当于在整体利益空间中，通过行为控制切割出利益享有者的利益空间，使其成为受法律保护

的法益。在划分的过程中，会涉及多种利益冲突的权衡，利益享有者仅享有部分利益，同时对行为人的行为自由给予适度的保障，为行为人留下的自由空间比权利化模式更为宽泛，因此对利益享有者的保护力度相对较弱。同意规则的行为规制路径旨在保护个人信息主体的自主利益，这意味着对个人信息处理者行为自由的适度限制，即个人信息处理者在初始状态下并不享有处理其个人信息的自由，只有透过个人信息主体的同意机制才可将个人信息处理者的限制打破，使其在个人信息主体的自主利益空间中划分出部分自由，实现个人信息处理者对个人信息的合理使用，达到个人信息最大化利用的理想状态。

（三）同意规则的权利基础是受宪法保护的基本权利，体现为个人对个人信息的自主利益

1995年《个人数据保护指令》形成之时，欧盟便将其目标定位于“确保成员国必须保护自然人的基本权利和自由，特别是与数据有关的自然人的隐私权”；之后*GDPR*延续这一基本权利的保护模式，开宗明义地指出条例的立法目的是：“旨在保护自然人的基本权利和自由，尤其是个人数据保护的权利。”相继地欧洲各国依据*GDPR*确立的宗旨，修改本国的数据保护法，但遵循的基本目的和基本原则都是保护自然人的基本权利。德国《联邦数据保护法》、英国《数据保护法》、美国《隐私法》以及日本《个人信息保护法》均为个人信息保护领域的基本法，为个人信息主体的基本权利保驾护航。探究各国个人信息保护法产生的源头不难发现，无论是源自德国的“个人信息自决权”，还是美国在扩展传统隐私权概念基础上提出的“信息隐私权”，都属于宪法层面对个人基本权利的确认与保护。在个人信息处理关系中，个人信息主体的人格尊严、自由发展权利体现为对个人信息如何被收集、存储、使用、公开的自主决定权。作为个人信息保护的核心原则，知情同意规则也必然是以保护宪法上的基本权利和自由为出发点，同时强调个人对与其个人信息的相关事务享有自主决定的利益，因此同意并未落入私法领域的保护，不是个人信息主体享有的私法上的“同意权”。同时，各国（地区）的个人信息保护法多数规定个人信息主体的相关权利与个人信息保护

基本原则相衔接，例如个人信息的访问权、更正权、删除权、封存权、反对权等，但各法律规范的具体权利配置不同。

（四）同意并非个人信息处理行为合法性的实体构成要件，仅具有保障程序正当性的作用

关于同意规则的规范表达，国际法上通行的做法是将其列为一项个人信息处理的合法性基础，而我国现行法律规范没有使用“合法性基础”这一表述，我国对同意的规定可分为两类：一是以《民法典》第1035条、《网络安全法》第41、42条等为代表的规定，即个人信息的收集、使用、提供等行为须以该个人的同意为前置条件；二是以《民法典》第1036条、最高人民法院《关于审理利用信息网络侵害人身权益民事纠纷案件适用法律若干问题的规定》第12条为代表的免责事由的规定，即个人信息主体的同意在一定条件下可以成为个人信息处理者免于承担侵权责任的事由之一。易言之，同意在一定条件下可以阻却个人信息侵权行为的违法性，但无论是哪一种形式的规范表达，都未将同意作为个人信息处理的合法性构成要件。因此，同意类似个人信息处理者合法进行个人信息收集、使用等活动的第一道“闸门”，满足了同意要件仅达到实现程序正义的目的，而具体的信息处理行为是否构成侵权，还应结合侵权责任的构成要件进行确认。

小　结

同意规则最初是作为生物医学伦理领域对个人进行医疗活动和医学试验的法定必要条件，规定一切以人体为对象的医疗活动、临床试验、医学研究等活动须以个人的同意为前提。此后，新兴信息技术带来了对传统个人信息收集和使用的挑战，同意规则适用转入个人信息法律规制领域，成为个人信息处理者实施个人信息处理行为的合法化事由。个人信息保护领域的同意规则的基本内容，反映出同意制度的法律原理是个人对与其有关的信息承担不利后果或风险的一种容忍态度或者意愿。全面梳理同意规则的规

范演进过程，有助于厘清同意规则的相关制度设计，作为探究同意法理基础和法律效果的规范依据。在世界各国家（地区）的个人信息保护法体系中，对于同意规则的法理基础以及法律效果尚无统一规定，理论界也并未有针对此项内容进行深入研究，因此本章对于确立个人信息保护中同意规则的法理基础进而推导出法律效果的内容具有参考价值。

从当前个人信息保护法律规范对于同意的要求来看，同意规则既不是私法上的主体权利保护规范，也不是构成个人信息处理行为合法性的实体要件。对于同意规则的法律定位应当是：各国个人信息保护的基本原则和个人信息处理的合法性基础，同意并非个人信息处理行为合法性的实体构成要件，其仅具有保障程序正当性的作用。从规范模式上看，同意规则属于行为规制保护模式，即通过设定个人信息处理行为的合法性标准以及个人信息主体享有的各项权利和个人信息处理者应承担义务的方式，来规范个人信息的正常使用秩序。

第二章

个人信息保护中同意规则的法理基础

从世界个人信息保护法治发展进程来看，目前绝大多数国家的个人信息保护立法模式过分强调个人对个人信息的控制，一定程度上忽视了个人信息的利用价值与个人权利的平衡，这一现象已经引发美国、德国、欧盟和我国理论界的反思。[①] 多数国家（地区）基于个人信息保护视角的同意规则，是否真正实现对个人信息利益的保护，以及是否可以促进信息流通利用等问题一直是学界和业界关注的重点问题。同意规则在个人信息保护领域中的规范价值应当由其法理基础决定。通过前文对同意规则的规范梳理得出其在个人信息保护法律体系中的定位是基本法，本章进一步探讨支撑这一结论的理论依据与权力基础。

本章围绕个人信息保护中同意规则的法律基础，第一节着重分析根植于同意规则内核的背景理论，以期为确立同意的法律效果提供理论支撑。同意规则的理论起源在欧洲地区表现为德国对于“个人信息自决权”理论的确立，这与欧洲国家适用基本人权保护个人信息的路径相符，而美国对于个人信息的保护始终采取不断扩大隐私权的保护范围而实现，“信息隐私权”理论顺势而生，也凸显了对个人主体地位和控制权力的保护。虽然以上两种理论为个人信息保护提供了不同解读方式，但对于同意规则的法律基础而言，二者均殊途同归于对个人自决权的保护。第二节详细论述作为个人自决权的法律内涵，重申个人自决权的法律定位是立足于对基本权利的保护，个人自决权不等于个人享有完全的支配权或控制力，因此，个人信息自决权实则并非强调对信息的绝对控制。

---

① 吴伟光：《大数据技术下个人数据信息私权保护论批判》，《政治与法律》2016 年第 7 期；谢远扬：《信息论视角下个人信息的价值：兼对隐私权保护模式的检讨》，《清华法学》2015 年第 3 期；刘金瑞：《个人信息与权利配置》，清华大学博士学位论文，2014 年。

第一节 同意规则的理论溯源

从个人信息保护源起的理论基础来看，主要分为以德国为代表的欧洲个人信息自决权理论和以美国为代表的隐私权（广义）保护理论。德国的个人信息自决权是由德国联邦宪法法院的判例与本国基本法共同确立的，体现了信息技术时代背景下立法对个人信息保护切实需求的回应；而美国早在19世纪末期就提出了隐私权理论，并通过宪法和侵权法两个层面的立法加之丰富的判例不断扩大隐私权的保护体系，直至20世纪中期信息隐私权理论的出现，为个人信息的保护与利用提供了权威理论基础。因此，探究个人信息自决权理论与信息隐私权的发展脉络与具体内容是理解同意规则理论基础的必要途径。

一、德国“个人信息自决权”理论

“当你无法控制你的私人信息时，你就减少了选择的自由。”[①]当选择自由与个人信息的控制建立联系之后，人们的关注重点转移到了如何最大限度地保护与其有关的信息不被泄露，加强对自己信息事务的掌控成为人们的迫切要求。“信息自决权”由此产生。信息自决的关键是如何平衡数据处理与个人自由意志之间的关系，是对数据操纵行为的反击。个人信息自决理论在同意规则形成与发展的过程中起到重要的推动作用，有学者就此得出“知情同意的道德合法性是建立在相信它会尊重个人自决权的基础上的”。[②]

① [美]特雷莎·M.佩顿、西奥多·克莱普尔：《大数据时代的隐私》，郑淑红译，上海科学技术出版社2017年版，第9页。

② Barocas S., Nissenbaum H. *On Notice: The Trouble with Notice and Consent*. Social Science Electronic Publishing, 2015, p. 1.

（一）个人信息自决权产生的背景

“信息自决”的概念发端于德国。最先提出“个人信息自决权”这一表述的是德国学者施泰姆勒。1971年他在参与编写联邦个人信息保护法草案时，提出了“个人信息自决权”概念。[①] 而与个人信息自决权相关的理论也被称为个人信息自决权理论，其本质在于保障公民可自我决定于何时以及在何种范围内对外公开生活事实，尤其是向政府披露个人信息的权利，其兴起既有信息时代发展孕育的现实需求，又具备牢固的宪法理论基础。

除宪法和人格权法的保障外，德国联邦政府以及州政府相继制定了多部个人信息保护法，为个人信息自决权的衍生提供了成文法的法律基础。1970年，世界上第一部个人信息保护专门立法诞生于德国黑森州。自此之后，又于1977年颁布《联邦数据保护法》，20世纪70年代的德国已经制定了十余部个人信息保护法和行业立法。总体来说，在“人口普查案”发生之前，德国已经构建起较为完备的保护个人信息的法律制度体系，赋予信息主体以普遍受保护的权利，为个人信息自决权的确立提供了丰沃的土壤。

20世纪60年代，计算机进入人们的生活，成为查阅、存储甚至分析大量信息的工具。信息处理技术的迅速发展提高了电脑工具的工作效率，使得政府公共机关与私人机构、个人均具备对个人信息进行处理的能力，同时也为个人信息的安全带来了潜在危险。他人能够随意查阅、调取甚至分析与自己有关的信息记录，但信息主体对此缺乏参控能力，甚至毫不知情，这使得高度重视隐私保护的西方国家的公众感到不安。这一时期的联邦德国政府和州政府的统计机构也成为个人信息存储中心，各行政部门都建有专门的个人信息数据库以保存其搜集来的公民信息。然而，民众对政府搜集其个人信息及对其后续应用的情形缺乏足够的了解，纷纷表示希望能够实现对与自己有关的信息的控制。在公民诉求高涨的环境下，德国发生了一项由人口普查引发的案件，引发个人信息保护理论与实践里程碑式的改变。

---

① 根据德国学者施泰姆勒(Steinmüller)的理解，行为自由不仅包括所谓的动态的“行为”，而且个人在日常生活中所留下的静态的“行为痕迹”，即个人信息也属于行为自由的范畴。

面对现代计算机技术处理系统的成熟和广泛适用，个人无法对被收集的个人信息实现有效控制，从而沦为国家调查统计的客体，被动地提供着与其相关的任何个人信息，而通过国家收集的个人信息累积到一定程度，便可能描绘出一个人的人格特点。而宪法保障下的公民享有人格自由发展的权利，这一权利既包括积极层面的自由，也包括消极层面的不受任何对其人格自由发展不利的限制。因此，通过“人口普查案”，“个人信息自决权”的概念应运而生，这一概念的提出，是“对国家因现代信息技术的急剧发展而获得的对个人生活极大监控可能性的回应”。[①]

（二）个人信息自决权的具体内容

“人不是自然规律链条上处于被决定地位的一个环节，而是一种自在自为的存在，这是人区别于世间万物的终极价值所在。”[②]个人信息自决权的核心是“自决”，即个人有权决定是否允许他人收集、使用自己的信息，以及在什么时间、以何种方式、在什么范围内、向何人披露个人信息，当事人得自由决定自己的个人信息上承载着何种价值，因此，任何违反当事人意志的信息收集、处理或者利用行为都侵犯了当事人的自决权，从而也侵犯了该信息上承载的人格利益。[③] 有学者提出，可以将自决权理解为个人的一项确定其本体的权利，此外，受到保护的权利还包括使其本体的塑造和确定免受某方式的严重影响，个人有权决定是否以及在何种程度上为公众所知。具体来说，这种自我决定包含两个阶段的具体内容。

第一阶段是在个人信息公开之前，个人信息主体有权自我决定其个人信息使用的内容、方式、程度、目的、范围、环境等。个人信息主体做出同意的前提是知情权得到充分保护，信息处理者在收集个人信息之前应当充分告知欲将个人信息用于何处、以何种方式、为何种目的，以保证信息主体有

---

① 刘飞宇：《行政信息公开与个人资料保护的衔接：以我国行政公开第一案为视角》，《法学》2005年第4期。

② 陈璞：《论网络法权构建中的主体性原则》，《中国法学》2018年第3期，第75页。

③ 杨芳：《个人信息自决权理论及其检讨：兼论个人信息保护法之保护客体》，《比较法研究》2015年第6期，第24页。

合理的理由提供自己的个人信息。个人信息一旦公开且被社会公众所获取,与信息主体有关的一系列内容便公之于众,代表了该信息主体所彰显的特定社会身份和社会形象,信息主体依据不同环境决定公开特定的个人信息,以符合对恰当的社会评价的需求。[①] 否则,违背个人意愿进行个人信息处理会妨碍自我决定的实现,使个人信息主体设定的社会身份和社会形象受到不利影响,个人信息自决权对其人格自由发展与人格尊严保护的作用会大打折扣。

第二阶段是在个人信息公开之后,个人信息主体仍然有权利自我决定对其个人信息的进一步处理,包括转让给第三人使用或由其他信息处理者继续处理。个人信息一旦公开后便进入公共领域,信息主体的社会身份和社会形象即为外人知晓,他人也更加容易掌握甚至处理被公开的个人信息。经过多个主体和程序流转的个人信息很难保证与最初的事实相符,个人信息一旦被篡改、恶意利用,个人的社会身份和社会形象就容易被歪曲,这对个人隐私保护和人格自由发展无疑是十分不利的。因此,在个人信息公开之后的阶段充分保障个人信息自我决定权利的实现更具有现实意义,一旦个人信息应用的目的、范围、方式、场景等发生改变,需要个人信息主体重新做出同意或拒绝处理的意见。

综上所述,联邦德国宪法法院通过“人口普查案”确立了“个人信息自决权”作为在国家收集个人信息时应符合的核心价值理念,强调了坚持这一原则对于保护个人人格尊严和自由的重要意义。联邦德国宪法法院从基本法对于人的自由发展和人格尊严的保护走向人格权保护的个人自我决定权,再从个人信息保护领域的自我决定权推导出个人信息自由权,以这样一种逻辑演进的方式确立了个人信息自决权的法律基础。维护信息主体对其个人信息所具有的自我决定的自由、保护信息主体的人格尊严是个人信息自决权理论的逻辑起点和价值归宿。但是,强调个人信息自决权对于保护权利的重要作用不等于将其绝对化为需要法律提供绝对保护而不加任何限

---

① Ted Sienknecht. IA Column: Information Advantage. *Bulletin of the American Society for Information Science & Technology*, Vol. 34, No. 5, 2008, pp. 38 - 40.

制，个人在国家的维度内行事应在实现个人自由发展的前提下符合国家对于维护社会秩序的普遍准则，而衡量这一行为限度的标准就是个人利益与公共利益的划分。

二、美国“信息隐私权”理论

（一）侵权法上的隐私权

与德国的个人信息自决理论不同，美国最早使用“隐私权”概念为个人信息保驾护航。“隐私权”概念的提出始于侵权法领域，1890 年，沃伦和布兰代斯发表在《哈佛法学评论》上的《论隐私权》指出，“个人独处的权利”是个人有权保持个人私密事务防止被公众知晓，是隐私权概念外延中最典型的情形。[①] 但隐私权的概念其后并未在法律上明确规定，加之理论学说和司法判决的混杂适用，造成了概念混沌不明。后经过半个多世纪的发展，隐私权理论逐渐趋于系统化，[②]其中，著名侵权法学者普罗瑟在总结现有判例的基础上，对隐私权尝试进行类型化归纳，并总结出隐私侵权（privacy torts）的四种类型：① 侵犯私人空间或私人事务（intrusion upon the plaintiff's seclusion or solitude）；② 公开揭露他人不愿为人所知的私人事实（public disclosure of embarrassing private facts about the plaintiff），例如披露他人不愿为人所知的私人资料等；③ 扭曲他人形象致人误解（publicity which places the plaintiff in a false light in the public eyes）；④ 侵犯他人姓名、肖像或其他人格利益（appropriation, for the defendant's advantage, of the plaintiff's name or likeness）。[③] 普罗瑟的观点在美国侵权法领域产生了极大影响，其对隐私侵权行为的类型划分观点基本为“美国第二次侵权法重述”所接受，构成美国侵权行为隐私权的基本制度体系。[④] 因此美国的隐私权最初具有防范他人侵害个人信息权益的消极防御功能，不包括积极的支配权能。

---

① [美] 塞缪尔・D. 沃伦、路易斯・D. 布兰代斯：《论隐私权》，李丹译，法律出版社 2005 年版。

② 任龙龙：《大数据时代的个人信息民法保护》，对外经济贸易大学博士学位论文，2017 年，第 48 页。

③ William L. Prosser. Privacy. *California Law Review*, Vol. 8, No. 48, 1960, p. 389.

④ 王泽鉴：《人格权法：法释义学、比较法、案例研究》，北京大学出版社 2013 年版，第 184 页。

（二）宪法上的“信息隐私权”

嗣后依赖于诸多美国联邦最高法院的判决，[①]隐私权的保护上升至宪法层面，宪法上的隐私权（constitutional privacy）“显示出它全面扩张的力量”。[②] 历经判例发展后的隐私权不仅包含消极层面个人的隐私生活和空间不受打扰的权利，而且包括积极层面上全面实现对个人信息的控制。[③]因此，随着实践的发展，隐私权保护的范围逐渐发展为涵盖个人尊严和自治、个人独处、通信自由、信息隐私等权利内容。

有学者在1967年出版的《隐私与自由》（*Privacy and Freedom*）一书中提出“信息隐私权”（informational privacy）概念，并认为信息隐私的关键在于个人或群体能够在一定程度上拥有关乎自身信息的控制力。他将隐私权的功能概括为：① 实现个人自主（personal autonomy），控制自己何时公开个人信息；② 实现情感释放（emotional release），保持自己的个性，保有社会或制度规范所允许的个体差异；③ 实现自我评估（self-evaluation），通过自我反省，树立正确的自我认知；④ 实现有限且受保护的通信（limited and protected communication），不受外界监听或拦截。[④] 受其观点的影响，阿瑟·米勒进一步完善了信息隐私权的概念，他认为“隐私权的基本特质体现为个人对与他有关的信息流通的控制能力——一种对维护社会关系和个人自由十分重要的权力”。[⑤] 两位学者的理论共同构成了信息隐私权的理论基础，并将信息隐私权与隐私权的其他内容区分开来。[⑥]

---

① 最早将隐私权置于宪法保护范围之内的里程碑案件是1965年的Griswold v. Connecticut，381 U. S. 479，1965。主审法官从美国宪法诸多权利中推导出宪法应当对个人隐私提供保护。

② ［美］戴维·W. 里布朗：《隐私权在美国侵权法历史中的地位》，胡明星译，张民安：《隐私权的比较研究：法国、德国、美国及其他国家的隐私权》，中山大学出版社2013年版，第272页。

③ 张民安：《隐私权的比较研究：法国、德国、美国及其他国家的隐私权》，中山大学出版社2013年版，第280页。

④ Alan F. Westin. *Privacy and Freedom*. The Association of the Bar of the City of New York，1967.

⑤ Miller Arthur R. *The Assault on Privacy: Computers, Data Banks and Dossiers*. The University of Michigan Press，1971，p. 25.

⑥ Eleni Kosta. *Consent in European Data Protection Law*. Martinus Nijhoff Publishers，2013，p. 75.

此外,美国联邦最高法院通过1977年的 Whalen v. Roe 案[①]首次认定了宪法上的隐私权保护范围包括政府数据库中的信息(数据),[②]这是美国联邦最高法院关于信息隐私权的第一例判决。

1974年美国《隐私法》(*The Privacy Act*)的颁布从成文法的角度集中规范了隐私权的保护,这也是首次将"信息隐私权"以立法的形式予以确认。《隐私法》为美国确立了个人信息保护的基本准则和理念,除《隐私法》之外,美国还相继制定了个别立法调整各类信息的收集、使用和传播行为。与此同时,《隐私法》也为不同行政部门在执行公务行为对个人信息使用提供了行为准则参考,行政部门多以行政规则或决定的形式解释基本法律的制度,而司法机关通过判例的形式丰富和拓展了个人信息保护的范围与力度。虽然在《隐私法》最初实行的时期,主要以限制美国政府获取个人信息和保护个人隐私权为主要目的,但随着现实中个人信息使用边界由公共领域不断蔓延至私人领域,个人信息的应用场景与日俱增,美国个人信息保护立法越来越倾向于对私人领域个人信息收集、使用等行为的规制,法律规范体系也更加多元化、层级化。

在美国信息隐私权保护的立法体系中,宪法和侵权法共同承担了保护个人信息隐私权的使命。从美国对隐私权的立法进程来看,由最早的消极防御性权利"个人独处权"(the right to be alone)到强调"个人信息的自我控制权利",再到理解为"自我决定权",其在一定程度上体现出权利从消极、被动到积极、主动嬗变的特征。[③]

第二节 同意规则的法理基础

无论是发端于德国的个人信息自决权理论,还是经由美国侵权法和宪

---

① 429 U. S. 589(1977).

② [美]阿丽塔·L.艾伦、理查德·C.托克音顿:《美国隐私法:学说、判例与立法》,冯建妹等译,中国民主法制出版社2004年版,第36页。

③ 胡文涛:《我国个人信息隐私权保护法律存在的问题及思考:以与互联网企业利益平衡为视角》,《云南师范大学学报(哲学社会科学版)》2016年第6期。

法上隐私权概念衍生出的信息隐私权理论，都透视出个人信息主体同意的本质内容是实现个人对与自己有关的个人信息的决定力和控制力，同意规则成为保障个人自决合法、正当实现的关键路径。个人自决权作为同意规则的法理基础，在个人信息保护领域应当如何理解？借由个人自决权实现的个人信息控制应该如何定位？本节通过分析个人自决权的内涵及其与同意的关系，论证个人自决权作为同意规则法理基础的正当性，以厘清个人信息自决权保护客体的应然边界。

一、个人自决权的内涵

社会契约理论主要依赖于个人的同意，其认为社会契约传统的核心主张是自由做出的同意，同意可以使本来不被接受的行为合法化。① 个人自决权(autonomy)成为构筑同意概念的基础。② 在政治学的领域中，自决权被认为是“某种自我管理或者对个人承诺的控制”。③ 德沃金对自决权的内涵进行扩展，他认为：“‘自决’有时被等同于自由，有时被等同于自治或主权，有时等同于意志自由。它等同于尊严、正直、个性、独立性、责任感和自我知识。它具有自主的特质，可享有免于承担义务的自由，不受外部因素的干扰，需要对自己的个人利益有一定了解。它与行动、信念、行动依据、规则、他人的意愿和思想、原则有关。无论如何，自决是人的一种特质，人人都渴望拥有。”④

生物医学伦理领域的知情同意原则借鉴了政治学上自决权的概念，并将其置于患者与医疗人员的关系之中，认为个人的自决权是“与个人隐私、自愿、自制、选择自由、个人道德标准以及责任承担方面的权利，个人有权做出自己的选择，对自己的人身、财产和隐私行使控制权，享有自由表达‘是’

---

① John Locke et al. *Social Contract*. Oxford University Press, 1960.

② Eleni Kosta. *Consent in European Data Protection Law*. Martinus Nijhoff Publishers, 2013, p. 130.

③ Colburn Ben. *Autonomy and Liberalism*. Taylor & Francis, 2010, p. 4.

④ Dworkin Gerald. *The Theory and Practice of Autonomy*. Cambridge University Press, 1988, p. 6.

或‘否’的权利”。[1] 学者们进一步意识到患者与医疗人员的关系是由患者的个人自决权而决定的，他们认为一项完整的个人自决权应当满足以下三个条件：① 基于个人的意愿；② 充分理解；③ 不受其他因素影响或控制。[2]

从上述领域对个人自决权的定义出发，可以归纳出个人自决权应当包含两层内容：一是对人格尊严的保护，即个人可以对与自己人身、财产有关的权益行使决定权和控制权，作为主体应当承担的角色和地位不容侵犯。这一层含义又可从正反两方面理解。从正面看，人性尊严与自治意味着每个人都享有决定自由和行为自由，并且任何人享有的自由应当是同等的；[3]从反面看，个人如果被客体化为工具或者实现利益的手段而失去了主体的人格尊严，那就与人的基本权利相抵触。[4] 二是实现人格自由发展，即个人有权通过意志自由实现自身事务的实现与个人发展。人之所以为人乃是基于个人意志，人的自由意志促使我们有能力从非人的本质脱离出来，在此基础上通过自己的自由意志去认知自我、发现自我、形成自我、决定自我。

我国宪法为个人自决权的实现提供了基本法的依据，《中华人民共和国宪法》第 24 条规定：“国家尊重和保障人权”；第 38 条规定：“中华人民共和国公民的人格尊严不受侵犯。”这两个条文概括了我国公民享有的一般性权利和自由，对于个人自决权在实现基本权利层面保护上提供了根本法依据。

二、个人自决权立足于基本权利保护

德国的“人口普查案”证明了个人自决权对于个人信息保护领域同意规则的重要性。个人自决权在个人信息保护中体现为个人信息自决权，个人信息自决权具有宪法上的意义，这项权利保证了个人原则上有权自行决定

① Faden Ruth and Beauchamp Tom. *A History and Theory of Informed Consent*. Oxford University Press, 1986, p. 7, 239.

② Faden Ruth and Beauchamp Tom. *A History and Theory of Informed Consent*. Oxford University Press, 1986, p. 238.

③ 李震山：《人性尊严与人权保障》，元照出版公司 2000 年版，第 13—14 页。

④ 黄桂兴：《浅论行政法上的人性尊严理念》，三民书局 1997 年版，第 11 页。

他人是否可以披露或处理其个人信息。个人自决构成知情同意规则的法理基础和依据，体现在个人信息保护领域被称为“个人信息自决权”。这一结论印证了对个人信息保护法功能的解读——“个人信息保护法是一种增强个人自决能力的工具，失去这种保护个人的信息将会遭到泄露或者被用来进行交易。”①

（一）德国：个人信息自决权作为宪法基本权利

德国的个人信息自决权理论在确立之初的定位就是宪法层面的基本权利，用于保护个人信息免受政府无限度地收集、使用、存储和传输，以减少通过数据搜集和数据聚合技术产生新的个人信息，并对获取到的所有个人信息进行不当使用。个人信息自决权是宪法层面上个人自治权在个人信息领域的体现，个人信息自决权的内容主要包括公民对其生活事实对外公开程度的自我决定权限，这种对外公开的事实尤其是需要向政府披露的个人信息。德国法将个人信息自决权作为一般人格权的下位概念，将其上升到宪法的角度予以保护，并通过联邦宪法法院的判例不断加以完善。个人信息自决权在“人口普查案”中的应用充分彰显了法律维护个人的独立尊严和自由的基本权利保护路径，其目的是对抗国家公权力而并未涉及任何私法领域的权利保护问题，避免现代国家通过信息技术滑向监控国家，从而无限度地侵扰和挤压私人领域。② 个人信息自决权意味着对信息主体基本权利的尊重和保护，个人的尊严、平等和人格自由发展是人的基本价值，而个人信息是关于人或描述人的信息，因此，个人信息的利用和保护关系人的基本权利，任何对个人信息的收集和使用行为都应当遵循信息主体的自由意志。由此可见，同意规则是立足于基本权利层面的保护。

---

① Rouvroy Antoinette and Poullet Yves. The Right to Informational Self-Determination and the Value of Self-Development: Reassessing the Importance of Privacy for Democracy, in Gutwirth Serge et al. *Reinventing Data Protection*? Springer Science, Business Media B. V., 2009, p. 50.

② 赵宏：《从信息公开到信息保护：公法上信息权保护研究的风向流转与核心问题》，《比较法研究》2017 年第 2 期，第 32—33 页。

（二）美国：宪法上的信息隐私权

美国在个人信息保护领域以隐私权作为宪法和侵权行为法的基础，[①]将个人信息自决权作为隐私权保护的特殊领域。[②] 在美国，隐私权是一个集合概念，[③]近年来其外延和内容不断扩充，而其外延的不确定性与宪法上的人格尊严和自由所保护的具体内容和方式无法逐一列举有关。随着信息技术社会的发展，这一概念不断更新，并将信息隐私权纳入其保护范围。1977 年的 Whalen 诉 Roe 案是美国联邦最高法院作出的首例承认宪法上信息隐私权的判决，法官指出：对个人信息的搜集可能会对个人隐私造成侵害，电子化数据库和其他政府档案保存的大量数据很多属于个人信息，一旦被公开，个人的人格尊严将面临严重的侵犯后果。因此，当个人信息收集和使用时，信息处理者应当避免不当地泄露或者公开个人信息，这是美国宪法赋予其的法律义务。[④] 因此，基于美国判例确立的信息隐私权而展现的个人信息自决，是主体对个人信息享有按自己的自由意志能动决定的权利，是基本权利在个人信息保护中的集中体现。

（三）欧盟：保护基本人权

从欧洲各国立法例上看，除联邦德国外，个人信息保护法律规范也将个人的自由意志和自决权利作为立法的根本出发点，例如 1981 年欧洲委员会通过的世界上第一部有关个人信息保护的国际公约——《个人数据自动化处理中的个人保护公约》，其第 1 条便规定公约的目的在于保护个人权利和基本自由（尤其是隐私权）。此外，《欧盟基本人权宪章》第 8 条明确将“个人数据保护权”作为一项独立的基本权加以保护。进入 20 世纪 90 年代后，个人信息的保护延伸到欧盟范围内。1995 年 10 月 24 日，欧盟议会及其部长

---

① 齐爱民：《美德个人资料保护立法之比较：兼论我国个人资料保护立法的价值取向与基本立场》，《甘肃社会科学》2004 年第 3 期，第 137 页。

② 贺栩栩：《比较法上的个人数据信息自决权》，《比较法研究》2013 年第 2 期，第 70 页。

③ William L. Prosser. *Handbook of the Law of Torts*. West Publishing Co.，1981，p. 843.

④ Whalen v. Roe，429 U. S. 589，1977.

理事会签署了《关于涉及个人数据处理的保护以及此类数据自由流动的指令》，指令的目的之一是确保成员国必须保护自然人的基本权利和自由，特别是与数据有关的自然人的隐私权；[①]2016年，《统一数据保护条例》依然将保护自然人的基本权利和自由作为其立法基本宗旨，[②]尤其是自然人要求其个人数据受保护的权利。[③]

三、个人信息自决并非强调绝对控制

在数据分析处理技术极速发展的社会背景下，虽然个人信息自决权充分发挥了保护个人自由意志的作用，但在“人口普查案”的审理过程乃至判决书中，德国联邦宪法法院并未将这一权利解释为个人对个人信息的绝对控制权。在“人口普查案”的判决中，法院给出的理由是：“个人是在社会共同体之下发展其个性，即使是个人信息也同样是社会事实的反映，而并非纯粹与个人相关联。”[④]个人对其信息并无所谓绝对、无法加以限制的控制权；相反，他必须在社会团体内部发展并依赖社会网络交往。个人信息同样也是社会事实的写照和体现，不能单纯地归属于当事人。[⑤] 因此，任何基本权利都并非绝对，其具有内在的“可限性”。绝对的个人信息自决权是一种个人主义的权力观，它倡导的“自我”观念是优先于其他目的和价值，完全独立于社会现实，并对任何社会观念持封闭态度的自我，从而导入了一种个人偏见，排除了与其他主体间合作的形式可能性。[⑥] 从私法层面看，法律对个人信息的保护着眼于主体的人格利益保护，然而立足于基本权利层面的个人信息自决权不宜扩展至私法层面的个人对其个人信息（财产）的控制权或支配权，[⑦]个

---

① *European Data Protection Directive*（*95/46/EC*），Article 1.

② 高富平：《个人信息使用的合法性基础：数据上利益分析视角》，《比较法研究》2019年第2期。

③ *GDPR*，Article 1.

④ BVerfGE 65，1.

⑤ 陈志忠：《个人资料保护之研究：以个人资讯自决权为中心》，台湾司法机构1989年度研究发展项目研究报告，第201页。

⑥ [美] 迈克尔·J. 桑德尔：《自由主义与正义的局限》，万俊人等译，译林出版社2001年版，第77—79页。

⑦ Jacob M. Victor. The EU General Data Protection Regulation：Toward a Property Regime for Protecting Data Privacy. *Yale Law Journal*，Vol. 123，2013，p. 513.

人信息自决权与传统人格权强调精神利益不同，个人信息自决权允许甚至鼓励个人对其信息的利用。[①]“个人信息自决权”理论发轫于20世纪六七十年代，当时发达国家的科学技术飞速发展，计算机和互联网的普及推动了自动化信息处理技术广泛应用于国家行政管理事务和社会治理。然而，国家大幅度使用个人信息带来了信息主体对其人格权益受到侵害的担忧。为保护公民的个人隐私和人格尊严、实现信息利用效率与人格保护的平衡，西方学界结合一般人格权的保护模式，提出了“信息自决”的概念。由此可见，这一理论的产生有其特殊的社会背景，但随着时代发展，这一理论的社会环境已经发生了重大变化。

时代的巨变和科技的进步使人们的生活发生深刻变化，个人信息在20世纪60年代主要为国家所用，但进入21世纪后，信息进入寻常百姓的生活，为其提供了极大的便利，大数据使得人们的思维路径发生了根本性变革。[②]普通大众对信息技术的了解也逐渐加深，尤其对年轻人而言，互联网和手机等移动设备更是成为其社会交往的必需品。在享受科技带来的便利生活的同时，大众对高新科技所带来的优势和风险理应有更加全面和客观的认识。但是有些人在充分权衡利弊之后，选择以自己个人信息来换取“优质”的商品和服务，这在一定程度上削弱了个人信息主体对与其有关信息的控制。因此，个人信息自决权发展至互联网信息时代，应当承认时代赋予了这一理论新的含义，应及时做出调整，以为信息流通提供更加畅通安全的环境，而非一味地保护个人信息不被他人使用。

德国联邦宪法法院在“人口普查案”一案判决中补充指出，“《基本法》之下的人并非独立化的个体，而是愿意与他人交流并在社会共同体的实践中展示自身的个人”。[③]提出个人信息自决观念的重要理由之一是如果无法通过个人信息自决权为个人信息提供充分保护，则会使信息主体对信息处

① Daniel J. Solove, Paul M. Schwartz. *Information Privacy Law*. Wolters Kluwer Publishing, 2009, p. 2.

② [英] 维克托·迈尔-舍恩伯格、肯尼思·库克耶：《大数据时代》，盛杨燕、周涛译，浙江人民出版社2013年版，第25页。

③ BVerfGE 65, 1.

于失控状态。个人信息既有可能是对一个人的正面、积极评价，也有可能是关于一个人的负面信息。如果将对个人不利的信息传递出去，则会影响个人的社会评价和社会形象，但在一般的社会交往活动中，这一情形是无法避免的，只有掌握了个人形象的全貌才能客观地评价，而这也是个人参与社会生活应当承担的风险。除此之外，某些个人的负面信息例如税收信息、健康信息、犯罪记录等不仅与个人相关，而且关涉社会利益和公共利益。为了保护他人的合法权益、维护社会秩序稳定、保障国家公共安全，这些负面个人信息应当在合理范围内以恰当的方式向社会公众公开，这时对个人信息的收集和使用应当在个人信息主体的合理容忍范围之内，而无须征得其同意。

遵从个人信息自决并不等于提倡对个人信息的绝对控制。绝对控制表现为不受限制地完全控制和排他控制，意味着个人对于其个人信息收集、利用的全程都拥有不受他人干扰的充分自决权。但是，个人信息自决权仅表现为控制的程度问题，它提倡相对控制而反对过分控制。[①] 立法者之所以选择在个人信息自决权提出时就十分强调其保护效力，主要原因是由于那个时代的数据经济尚未起步，人们尚未掌握数据分析的成熟技术，并未意识到数据的巨大价值。因此，将同意规则建立在有限的个人信息自决权基础上，以保证信息主体实现较高程度的信息自决自控，防范信息主体对个人信息的失控风险，即为同意规则的现实之义。

小　　结

厘清个人信息保护中同意规则的法理基础是认定同意规则法律效果的根基，因此本章可以作为全书核心观点的理论与权利支撑。“同意”是个人意志的外在体现，无论是在政治领域、生物医学伦理领域，还是在个人信息保护领域，以个人信息自决权为基础的同意规则体现了个人意志的自由表

① 蔡星月：《数据主体的“弱同意”及其规范结构》，《比较法研究》2019 年第 4 期，第 73 页。

达和个人事务的自由决定。通过追溯德国法和美国法上对个人信息保护的立法实践,可以获得两条不同的保护路径:一是德国基于基本法上人格尊严和自由的法理基础,通过一般人格权的解释路径而建立的个人信息自决权理论;二是美国对宪法和侵权法对隐私权的双重保护路径,并通过不断拓展隐私权内涵而得出的由“消极防御转向积极控制”的信息隐私权理论。

第三章

个人信息保护中同意规则的法律效果

随着互联网和信息技术的发展，由个人产生的数据呈现急速增长趋势，随之而来的与信息保护、信息利用与信息安全的问题也使同意规则的信息保护效用面临严峻挑战，这一挑战亟须从立法和技术层面完善同意规则的相关规定，明确同意规则的法律效果是关键环节。

从同意规则的本源来看，是人与人在进行社会交往时，根据自己的意愿设定法律关系的一种基础性行为。这种行为既可能出于建立政治权威的目的，也可能是对他人行为或决定的许可，这一制度因此具有了拓展交往主体能力的功能。从另一角度看，在做出同意的表示时，同意行为还体现了“限制权利与自我义务设定”的效果。① “同意”作为一种规范人们行为的模式，已经被广泛应用于各种社会关系的构建之中，其影响范围涉及国家政治、金融征信、医疗领域、工业制造、消费者权利保护、个人信息利用等。不同领域存在不同的社会关系，而特定社会关系中的个体所面对的对象、场景与事实不尽相同，基于此作出的“同意”可能会产生不同的法律效果和社会效果。②对个人信息保护中同意行为法律效果的理解须以准确界定该行为的法律性质以及厘清同意的法律含义为起点，同意的法律性质决定行为的构成要件和生效条件，同意的法律含义是区分同意与相似法律行为的标准和依据，典型的相近概念例如合同行为、受害人同意。只有将同意与传统概念进行剥离，才可能真正、准确地解释在个人信息保护领域的同意行为，在法律效果方面与其他领域惯用的同意规则之间的区别。

---

① Peter McCormick. Social Contract: Interpretation and Misinterpretation. *Canadian Journal of Political Science*, Vol. 9, No. 1, 1976, p. 63.

② 姚佳：《知情同意原则抑或信赖授权原则：兼论数字时代的信用重建》，《暨南学报（哲学社会科学版）》2020 年第 2 期，第 49 页。

第一节 界定同意的法律性质

大陆法系国家的学者曾围绕同意的法律性质进行过深入的讨论，最终形成了法律行为说、准法律行为说、事实行为说三种观点。以下分述各观点的主要内容，并提出本书对同意法律性质的评判标准，进而得出同意属于准法律行为的结论。

一、法律行为、准法律行为与事实行为之争

（一）主要观点

1. 法律行为说

法律行为说主张同意是一种法律行为或者意思表示。这是20世纪初学者首先提出的关于同意法律性质的观点。该观点认为，受害人同意是权利人行使自己权利的一种方式，既然自然人行使权利没有不法可言，那么，根据受害人同意进行的行为原则上也是正当的。在这个意义上它属于法律行为的一种，同意的有效要件也应适用民法关于法律行为的原则。我国台湾地区的郑玉波先生指出，同意"乃受害人容许他人分割权利之一方的意思表示也，受害人同意为违法阻却事由之一，盖权利人原则上得自行处分其权利，故容许他人侵害之自无不可"。[①] 王利明教授指出，受害人同意本质上是受害人发出的单方的意思表示，在受害人表示同意的情况下，其同意的意思表示阻却了相对方行为的违法性。[②] 这种观点认为法律行为制度与受害人同意规则的规范意旨吻合：在实现目的上，两者都旨在实现主体的自治与自我决定。作为法律行为制度的工具，意思自治理论为受害人同意的法律性质和效力提供了充分证明，意思自治的本质就是允许每个人在符合法

---

① 郑玉波：《民法债编总论》，中国政法大学出版社2004年版，第126页。

② 王利明：《侵权行为法研究（上）》，中国政法大学出版社2004年版，第568页。

律规定的限度内，依据其意愿形成内心所追求的法律结果。当然，这一结果也包括行为人同意相对人侵犯自己的权益。因此，有关法律行为和意思表示的法律规定同样适用于同意行为的要求，包括行为人的行为能力要件和意思表示自由等要件。

2. *准法律行为说*

准法律行为说主张受害人同意本质上并非法律行为，而是一种准法律行为。所谓准法律行为，是指行为人将内心意思对外表示，但其行为的法律效果由法律直接规定，[①]基本形式构造为“表示行为＋效果法定”。关于同意的法律性质，王泽鉴先生认为：“行为人并非以发生一定法律效果为目的，因而不以具法效意思为必要，而是涉及自己权益的侵害性，故非属意思表示，乃准法律行为，可以类推适用民法关于意思表示的规定，至于如何类推适用，应就个案决定之。”[②]史尚宽先生也赞同此观点，他指出受害人的同意其意思并不以发生法律效果为目的，仅以事实效果为其内容，因此可将其视为准法律行为，对于法律没有规定的内容，应当准用关于法律行为的规定。[③] 归纳以上两位教授的观点，准法律行为说观点下的同意法律性质问题可以从两个方面分析：一是受害人同意是表意人将其内心意思进行对外呈现，因此这一行为既包含行为人的外部表示，也包含行为人的内心意思，并且尤其注重其内心真意的表达，这一部分的要求与意思表示相同。二是行为人作出的同意并不以发生特定法律效果为目的，应当承认其是对特定的事实行为而作出同意的表示。

3. *事实行为说*

事实行为说主张受害人同意只是一种事实行为，并不创设、变更或消除某种法律关系，或发生权利转让的后果。事实行为完全不以意思表示为必备要素，其本质在于全部事实构成均由法律规定，只要行为人的具体行为符

---

① [德]迪特尔·施瓦布：《民法导论》，郑冲译，法律出版社2006年版，第345—346页；王泽鉴：《民法总则》，北京大学出版社2009年版，第205页；魏振瀛：《民法》，北京大学出版社、高等教育出版社2013年版，第141页。

② 王泽鉴：《侵权行为》，北京大学出版社2009年版，第280页。

③ 史尚宽：《债法总论》，中国政法大学出版社2000年版，第127页。

合法律规定的行为构成要件时，便会产生相应的法律后果。事实行为说完全将侧重点放在行为人的同意行为上，认为同意是一种外部性的行为表现，因多数的同意都是由行为人通过签订书面同意合同或通过语言表达同意的方式作出的，而相对人接收到的信息也是此类行为或表达，因此单凭这一外部表现要件就将同意定性为事实行为。

（二）判断标准及评价

分析以上三种同意法律性质的不同观点，采取的根本标准是将同意的含义及构成要件分别与法律行为、准法律行为、事实行为的含义及构成要件进行比对；同时，采取兼顾各制度功能的方法，评判哪一观点更有助于实现同意的法律效果。

事实行为说不完全符合同意行为的全部要件，这是因为一方面，事实行为不以行为人的意思表示为构成要件，而仅关注事实上的行为构成，同意的内容对于决定同意法律效果的重要意义不言而喻，即同意不等于单纯的事实行为或事件，即使同意不包含受害人追求发生特定法律效果的意思这一构成要件，但其核心仍然是受害人内心主观意愿的对外表达，并非与人的主观心理活动完全无关的事实行为。因此可以说，事实行为说直接否定了法律行为和意思表示的规范适用于受害人同意的可能性。另一方面，将同意界定为事实行为背离了自我决定权的意旨。同意源于法律对个人自由意志的尊重和保护，只有真实、自由地表达自己的内心意思，同时具备一定的表示同意的能力，才可以产生法律效力，而事实行为的构成要件是与同意的规范要求不相符的，因为“对于事实行为而言，法律既不要求行为人具备行为能力，也不能全部适用有关意思瑕疵、追认和代理的规定，这是因为事实行为根本没有什么意愿需要表示的”。[①] 总之，将同意定性为事实行为不利于同意主体自我意思的实现。

而对于同意的性质究竟为法律行为还是准法律行为成为关键的争议点。从客观要件看，法律行为与准法律行为相同，都有表示于外部的行为，

---

① ［德］卡尔·拉伦茨：《德国民法通论》（下册），王晓晔等译，法律出版社2004年版，第710页。

即表示行为；但从主观要件看，法律行为要满足行为意思、表示意思及法效意思三项主观要件，[①]而准法律行为具备行为意思要件和表示意思要件，但是没有效果意思要件。从主观要件一一分析，同意也并非完全符合法律行为的构成要件。同意作为内心同意意思的对外表达，具备的要素是客观上的表示行为以及主观上的行为意思和表示意思，但欠缺法律效果意思。法律行为以行为人意欲发生私法上的法律效果为成立要件，而准法律行为的行为人并没有意欲发生一定私法上法律效果的意思，虽然行为人也存在某种意思或特殊的精神内容，但该项意思或精神表示无法直接与行为产生的效果相衔接，即行为人所想之内容未必与行为发生的效果一致，至于行为的法律效果为何应基于法律的直接规定，行为人的主观意愿对此没有意义。

申言之，行为人作出同意时，并没有追求阻却违法或免除相对人损害赔偿责任的法律后果，其仅同意了一个行为，而阻却违法或免除责任的法律效果也并非当事人内心期待发生的，而是由法律直接规定的。从这一层面上来看，同意的性质并非严格意义上的法律行为。虽然受害人同意的客观表示行为这一要件与法律行为高度类似，但法律行为的内容并不能直接、完全适用于受害人同意，例如受害人同意能力的规定不能直接照搬法律行为的规定；相反地，对受害人同意的有效形式、同意的撤回以及违反法律规范和公序良俗的同意行为效力等内容，其与法律行为制度的要求基本相同，因此可以适用法律行为（意思表示）的相关规范。

二、准法律行为说之证成

对同意的法律性质有两项判断标准：一是前文提及的先确定同意的含义和构成要件（包括主观要件和客观要件），然后分别将主观要件和客观要件逐一与法律行为、准法律行为、事实行为的主客观要件进行对比分析；二是衡量哪一制度更适合实现受害人同意的规范主旨。对同意法律性质的确

① 将主观内心意思分为行为意思、效果意思与表示意思三项为德国通说。参见王泽鉴：《民法总则》，中国政法大学出版社 2001 年版，第 336 页。对于内心意思的构成，我国学界存在不同观点，尚未形成通说见解，本书采德国通说的观点展开论述。

认既是法律适用的基础,也是明确同意的法律效果以及生效条件的前提,直接关系同意主体的能力、同意的形式、同意的撤回等诸多关键问题。

针对同意的含义及构成要件,应当将其定性为准法律行为。一方面,虽然准法律行为的行为人不具备法效意思,但符合同意的其他主观要件,表示行为的对象既可以是某种内心意愿,也可以是某种情感态度或立场,还可能是对某种事实情况的认知,但无论如何,准法律行为的表示对象绝非法律效果意思。[①] 另一方面,法律上仍然承认准法律行为与意思表示在构成要件在内心意思的自由及表示的真实要件上存在某种相通性,因此,准法律行为可以类推适用法律行为中关于意思表示效力的某些规范。由此可见,法律行为中关于意思表示效力的规范为准法律行为类推适用法律行为的部分规定搭建了桥梁;类推适用是指法律针对已存在的构成要件,虽然法律并未直接规定,但是与前述构成要件类似的构成要件,类推适用的基础在于两个构成要件在与法律评价有关的重要观点上彼此相似。[②] 对"是否相似"的评判还需回归上述判断标准的第二项,以探究作为准法律行为的同意的规范要旨。

同意的规范要旨体现于基本权利理论之中,即从基本法保护人格尊严和自由发展中衍生的个人自决权。个人自决权表明,每个人都有追求其人格自由发展的权利,人们可以在法律允许的范围内,以自己的意志和价值观念为参考依据,独立地做出决定和选择,并且为其行为承担相应的责任。个人自决权的表现既可以是基于保护自己的利益而作出选择,也可以是自愿放弃某些法益,例如身体完整性不受侵害的权益(表现为允许他人实行一定行为进而侵害该法益)或者具体的财产权益。法律允许行为人在合理限度内放弃对这些权益的掌控,不应过多干涉。这一制度表现出的自由决定自己事务的能力应当得到法律的认可和保护。从这一点上看,个人自决权同样符合民法中意思自治原则蕴含的价值标准,即在符合法律规定的前提下,个人可以按照自己的意思自由地决定与自己有关的事务,同时也可以自由

① 常鹏翱:《对准法律行为的体系化解读》,《环球法律评论》2014 年第 2 期。

② [德]卡尔·拉伦茨:《法学方法论》,陈爱娥译,商务印书馆 2003 年版,第 58 页。

地对外塑造各种类型的法律关系。申言之,同意的源头可以追溯至意思自治,其核心要义并非在于赋予侵害人免于承担责任的正当理由,而旨在保护作出同意主体的合法利益和其行使个人自决权的可能性。所以,由个人自决权作为同意的正当权利基础,直接可以推演出同意的规范主旨是保障个人自由决定权的正当实现,实现个人自决权的载体就是行为人内心真意的对外表示,同意的制度规范要旨便是保障同意主体意思形成的自由及表示的真实。① 相应地,同意的效力及生效要件也应围绕行为人内心的意思及外在表示进行讨论。

除以上事项外,同意的能力如何确定也颇值得关注,因其涉及满足何种能力的行为人作出的同意具有法律效力这一重要问题。虽然我国民法关于民事行为能力有明确规定,但究其制度意旨是在于维护交易安全,且同意规范没有包含这一层意旨,因此,同意能力的规定不得类推适用民法关于法律行为的规定。由此可见,在同意的规范体系中哪些事项可以类推适用民法关于法律行为和意思表示的规定,不可一概而论,应依据具体事项与民法中的相关规定的关系进行确定。

第二节　厘清同意的基本含义

由于同意在不同领域的概念、价值、作用不同,因此应区分不同领域的同意,以确定其含义,不能忽略这些不同的同意概念和观点之间的差异。关于“同意”的概念,科姆萨拉夫(Komesaroff)和帕克(Parker)认为这是一个重要的问题,因为同意既是一个伦理概念,也是一个法律概念,在伦理领域或者法律领域中,分析同意概念的方式会产生差别。因此,任何关于“同意”概念的讨论都应首先明确一个前提:讨论的焦点是在伦理领域还是法律领域。② 本节以这一思路为切入点,试图从伦理语义解释和法律含义解释两

---

① 黄芬:《侵权责任法中受害人同意的法律性质探究》,《求索》2011 年第 6 期。

② Parker M. H., Komesaroff P. A. Ethical Aspects of Consent. *Issues*, Vol. 86, 2009, pp. 24 - 28.

个方面探究“同意”的含义。

一、同意的基本含义

（一）同意的语义解释

“同意”一词在不同语境、不同领域的基本含义不同。同意概念作为一种理论要素，最早出现在洛克的《政府论》中，洛克将同意视为追溯政治社会起源和论证政治权力合法性的一个重要因素，甚至是其政府理论的核心所在。[①] 他强调一切自然人都是自由的，无论什么因素都不能使其受制于任何世俗的权力，除非自己同意这样做。[②] 黑格尔也认为，人拥有个人自由意志，有权将其自由意志体现在任何事情中，但人们只有在做出决定后，才将个人自由意识现实化、特定化。[③] 自由民主理论为同意在政治义务或政治权威领域的证成提供了理论支撑。在西方学界，同意理论被用来阐释政治义务的根源与政治权威的合法性。但是，同意理论不局限于在政治领域发挥政治义务或政治权威之证成的功能，例如在商业领域订立经济合同、医疗领域进行重大医疗手术活动、家庭关系中确立婚姻关系等，都涉及行为当事人同意的问题。随着社会发展转型，法律更加重视保护个人的思想和行为自由，因此“同意”的概念从伦理学理论转向法学理论，并逐渐运用于医疗法律关系、合同法律关系、个人信息处理法律关系中。但无论是理论界还是实务界，各领域对同意存在模糊不清、认识不明的问题，有待对这一概念进行重新梳理和深入阐释。在个人信息保护范畴内，存在与同意相近的法律概念，例如承诺、授权等，对相近概念进行区分有助于全面理解同意的法律含义，为明确同意行为的法律性质和法律效果奠定了理论基础。

从语义学上看，同意最初的功能似乎应该是代表一种思想、态度或者观念，被认为是一个人与他人有着相同的想法，即一种心理上的赞成态度或者

① 吕耀怀：《同意的涵义及其中国式表达》，《上海师范大学学报（哲学社会科学版）》2015 年第 1 期，第 40 页。

② ［英］约翰·洛克：《政府论》（下篇），叶启芳、瞿菊农译，商务印书馆 2013 年版，第 74 页。

③ ［德］黑格尔：《法哲学原理》，范扬、张企泰译，商务印书馆 2013 年版，第 24 页。

是对一个事项的感官或判断。这一认知并无错误,但同意更深一层的含义是为了促成某种合作,在这一意义上行为人需要作出促成合作的努力,即作出赞同或者反对他人提议的行为。因此,内心想法或态度既非同意成立的必要条件,也非同意成立的充分条件。如果同意符合内心想法,则被视作"全心全意的"或"毫无保留的"同意。①

(二)一般伦理概念上同意的含义

当下的社会意识形态和政治关系多是基于主体间的同意建立起来的。西方伦理学领域对同意问题探讨的贡献颇多,但对同意的具体含义却众说纷纭、莫衷一是。《伦理学百科全书》中对"同意"词条的定义为:"同意是人的一种行为,一个人通过这种行为改变了与他人相处时涉及的规范关系。"②此处的规范关系是受权利、职责、义务、特权等制约的关系。③ 该词条的创始人约翰·克莱尼格(John Kleinig)于1982年就在其著作中对"同意"的意义作出了详细解读,认为同意是"应他人提议并借以分担其中责任的一种合作形式"。④ 约翰·克莱尼格认为同意并不仅是一种赞成或信任的心理状态,而且是一种行为,是个人响应他人提议的行为,即同意是可见性的行为,而非行为人内心的一种想法。只有当同意采取某种具体特定的形式时,才能改变X与Y之间的关系。因此,同意是一种X借以将某种观点或态度转给Y的社会行为。⑤

但约翰·克莱尼格认为对"同意"的概念不应无限扩张,应有一定的限制:在上述例子中,如果X允许Y进入一间在任何情况下Y都有权进入的房间,那么,X的行为并不构成同意。除非X的行为带来规范性的变化,否

---

① [德]黑格尔:《法哲学原理》,范扬、张企泰译,商务印书馆2013年版,第24页。

② 举例来说,如果X同意Y做行为A,那么,在X(或与X处于同等地位的某人)没有同意的情况下,Y就没有权利或拥有部分权利去做行为A。通常情况下,X同意的是Y发起的某个提议,或者至少可以推测为Y想做的事情。

③ Lawrence C. Becker, Charlotte B. Becker. *Encyclopedia of Ethics*. Routledge Publishing, 2001, p. 300.

④ John Kleinig. The Ethics of Consent. *Canadian Journal of Philosophy*, Vol. 8, 1982, pp. 91-118.

⑤ Mill F., Wertheimer A. *The Ethics of Consent*. Oxford University Press, 2010, pp. 3-24.

则，并不构成同意。具体来讲，规范的变化可以包括如下几种情形：

1. 作为承认(acceptation)的同意

如果X同意做一次演讲，那么，X的同意被视为对该行为的承认。这一意义上的同意只在某些特定情况下成立，并不具有普遍意义。如果X同意Y为X做手术，这项同意就不属于承认，或者是一种不反对Y的行为的承认(因为X可以随时撤回同意)。无论如何，如果行为人没有明确的偏好，不得被认为是作出了承认。

2. 作为自我承担性义务(self-assumed obligation)的同意

作为自我承担性义务的同意概念更加广泛，如果X同意Y做行为A，那么，X就承担了一项至少不能干涉Y行为的义务。同意是一项不得干涉他人确定性行为的义务，因此同意行为最有成效的含义就是承担义务。但对于作出同意的一方来说，其根本目的是授予他人以行动的权利，由同意形成的义务仅处于第二位。

3. 作为授权(authorization)或许可(permission)的同意

如果X同意Y做行为A，可解释为X授权或许可Y去做行为A。这一解释考虑了同意可能涉及的授予权利或者放弃权利的情形。但是，这一情形下的同意更近似于承认，且无法实现公平。因为一旦X同意协助Y，那么X并没有授予Y任何权利。

4. 作为规范性交易(normative transaction)的同意

当X同意Y做行为A时，X是在提供他或她的规范性资源，此类规范性资源如果X不提供Y就无法获取。Y在X同意前并没有权利或合理的理由做行为A，而现在X同意Y可以这样做。

另外，约翰·克莱尼格认为作为一种行为，同意具有一种标志性意义。除了说出“我同意”之外，其他方式诸如签字、投票、举手都是表示同意的方式。

但伯纳德从权利的本质入手，指出西蒙斯结论中的关键错误。他反驳西蒙斯的结论，认为某人对另一人做出某项行为的同意并不必然给予他或为他创造一项做该项行为的权利。因为在某些特殊的情况下，即使这个人不能给予另一个人或不能为另一人创造该项做该项行为的权利，这个人仍然可以作出有效的同意。[①] 可见,伯纳德并不认同西蒙斯对同意具有普遍范围上的授权意义的观点,但他并不是意图否定同意的授权效果,而是极力强调并非所有同意的效果都一定意味着授权。伯纳德的观点与其他两位学者的解释相比,更具现实性和合理性,避免了将同意一概认定为权利授予或责任承担观点的片面性和绝对性。

结合以上语义学及伦理学意义上对“同意”概念的已有研究成果,我们可以得出“同意”的基本含义为:同意是一种同意者基于自己的自由意志,以某种作为或不作为的形式,对被同意者提出的要求、提议等给予肯定或否定的表示或行为。同意的一般伦理概念包含三层具体内容:一是同意是基于同意主体的自由意志这一前提作出的,以符合个人自由发展和人格尊严保护为宗旨;二是同意是人表现在外部的行为,而非同意者内心的想法、态度或观念,因此需要以某种作为或不作为的形式实现;三是同意既可以是肯定的表现形式,也可以是否定的表现形式,即表示同意者既享有同意的自由,也同样享有不同意的自由。这一点在法律领域尤其个人信息保护中对同意主体权利的保障尤为重要。

二、个人信息保护领域同意的法律含义

本质上,同意使得人们能够以一种自由意志控制自己生活的方方面面,法律对它的保护体现了对人的基本权利的尊重,因为宪法中人性尊严的核心要义就是人得以自治自决,不应处于被操控的他决地位。一个人在行使其基本权利的正当范围内,若缺乏自治自决的机会,将丧失个人尊严。因此,个人自决权应受他人尊重和法律保护。[②] 经前述同意的基本含义,我们可以推出法律意义上(特指个人信息保护法律领域)的“同意”的定义:同意是个人信息主体基于个人自由意志,以特定的行为方式,对个人信息处理者的收集、处理(包括使用、加工、传输、提供、公开等)行为及后果给予肯定或

① Mill F., Wertheimer A. *The Ethics of Consent*. Oxford University Press, 2010, pp. 3 - 24.

② 李震山:《从生命权与自决权之关系论生前预嘱与安宁照护之法律问题》,《中正大学法学集刊》1999 年第 2 期,第 18—23 页。

否定的意思表示。首先,阐明同意的基础是基于个人自由意志,即个人信息自决,同意的作出必须是基于主体的真实意思表达。其次,同意应以一定的方式作出,口头、书面或行为都是可行的方式,但沉默不可以成立有效的同意。再次,同意的对象既可能是个人信息处理行为,也可能是处理行为导致的损害后果。与保护个人信息主体利益主旨一致,多数情况下的同意针对的都是希望通过同意获得个人信息的途径,而非以招致信息主体利益受损为直接目的。最后,肯定或否定的意思表示证明个人信息主体不仅享有同意的自由,而且享有不同意的自由,即拒绝的自由。规范这一层内容对改善目前个人信息利用中用户不同意便无法使用服务的情况有着重大意义,拒绝也应是个人信息主体依法享有的权利和自由,其要求与同意一样必须事先作出。

(一) 个人信息主体的同意与合同行为

个人信息保护法中的同意是个人表达其是否并且在何种条件下其他主体可以处理其个人信息的一种方式,同意被应用于日常网络生活的诸多场景中,例如注册线上应用服务、允许网站收集 cookies、在线交易等活动。个人可以通过同意控制个人信息的使用,衡量披露个人信息的成本与收益,并决定在什么时间、向谁披露个人信息。[①] 作为个人信息正当性处理的手段之一,同意从本质上说是拥有信息自决权的主体和处理个人信息的主体达成合意的结果,但此处的"合意"与合同关系中双方主体的合意不同,不能将个人信息领域的同意行为与合同领域的合同行为一概而论。

合同,是指当事人就发生财产性民事权利义务关系达成合意或协议。[②] 所谓合意,是指当事人意思表示的一致。[③] 合意是合同成立的核心要素,是当事人意思表示达成一致从而订立合同的过程,而当事人意思表示一致形成合意是合同成立、生效并履行的前提。达成一项合意可以有多种方式,其

① Misek J. Consent to Personal Data Processing: The Panacea or the Dead End? *Masaryk University Journal of Law and Technology*, No. 1, 2014, p. 70.

② 郑立:《论合意(协议)是合同理论的基石》,《法学家》1993 年第 4 期,第 9 页。

③ 马俊驹、余延满:《民法原论》,法律出版社 2010 年版,第 518 页。

中最典型的是通过要约和承诺的方式。依我国《合同法》第14、21条[①]的规定，要约是一方当事人向另一方当事人发出的希望与之订立合同的意思表示；承诺是受要约人同意要约的意思表示。在我国合同法上，要约与承诺是达成合意的最重要方式。不宜将个人信息主体的同意行为等同于为达成一项合意一方主体作出的承诺。

1. 法律效果不同

作为法律行为的合意（承诺），其最常见的法律效果就是创设权利或者使权利变动或消灭。创设权利的情形例如买卖合同双方通过达成合意创设债权；权利变动的情形例如债权转让导致债权移转；权利消灭的情形例如行使解除权导致合同消灭。除创设、变更或消灭权利的效果之外，还可能成为有效的权利变动不可或缺的因素，例如A授权B代理自己出卖房屋，A的授权行为是法律行为，其结果是在A与B之间创设代理权，代理权是有效代理行为的要件。[②] 而与法律行为不同，作为准法律行为的同意的法律效果是民事权利得失变动之外的其他法律后果，[③]或者为权利变动提供条件或者诱因，但无论如何不会成为判断权利义务内容的依据。同意作为个人信息处理的合法性基础，其存在的根本目的是为个人信息处理行为提供正当性事由，[④]此处的同意类似于拍卖活动中的“应价”的行为，拍卖过程中需买者主动应价，即个人信息主体主动作出同意收集个人信息的意思表示，而一般认为应价仅为要约，而拍定才构成承诺，即信息处理者真正实行个人信息的收集和使用行为，因此信息处理者向用户展示隐私协议只是一种个人信息处理之前的预备行为，真正构成要约—承诺形式的实质上是“同意—个

---

① 《合同法》第14条：“要约是希望和他人订立合同的意思表示，该意思表示应当符合下列规定：（一）内容具体确定；（二）表明经受要约人承诺，要约人即受该意思表示约束；”第21条：“承诺是受要约人同意要约的意思表示。”

② ［德］卡尔·拉伦茨：《德国民法通论》（下册），王晓晔等译，法律出版社2003年版，第827页；史尚宽：《民法总论》，中国政法大学出版社2000年版，第529页；王利明：《民法总则研究》，中国人民大学出版社2012年版，第642—643页。

③ 尹田：《民法典总则之理论与立法研究》，法律出版社2010年版，第467页。

④ 对于由要约和承诺形成的合同，如果一项意思表示尚不完整，即还没有全部包括合同所需的一切必要内容，则该项意思表示就仅是一项预备行为。参见［德］迪特尔·梅迪库斯：《德国民法总论》，邵建东译，法律出版社2013年版，第269—271页。

人信息处理”这一法律关系。既然同意不是承诺,当然也不具有使双方就特定事项达成合意进而发生权利义务关系变动的法律效果。

个人信息主体的同意行为的法律效果旨在排除个人信息处理行为的违法性,与权利创设或变动无关,在这一过程中信息主体并未放弃或丧失与个人信息相关的权利。此外,由于准法律行为的法律效果都源自法律规定,但法律规范在设定法律行为的法律效果时,并不会将行为人在具体法律行为中的实际意思全盘考虑进去,由此可能使准法律行为的法律逻辑与具体行为本身的逻辑不一致。[①] 对于同意的法律效果,比较法上存在将其定位于违法阻却事由的立法例,因此,一旦行为人做出了同意的表示行为,乃遵从法律规范对同意的效力规定,会相应地免除或部分免除侵权人的法律责任,而不可能产生其他与行为人主观意愿相关联的任何其他法律效果。

2. 法律地位不同

承诺是合意成立的关键条件之一,而合意也是合同成立的必备要件,承诺本身已经包含在合同行为之中,而同意并非达成合同的必要条件。法律上所谓的同意可分为单方面的同意以及契约上的允许,[②]前者属于单方法律行为,行为人作出的意思表示无需特定对象受领;后者属于有相对人受领的意思表示,应向特定主体作出。个人信息处理者基于收集个人信息并借助大数据技术予以商业化利用的经济动机,向个人用户提供服务或产品,双方在交易中互负具有目的关联性的给付义务,从而形成双务合同关系。个人信息处理者将借由服务换取信息的双务有偿合同披上单务无偿的外衣,实际情况是个人信息主体以同意利用其个人信息作为接受服务的对价,促使个人信息发生对价性转换。[③] 在某些个人信息处理的场景下,同意的确可能构成合同行为的给付内容,但是否存在合同关系并不意味着存在主体

---

① 常鹏翱:《对准法律行为的体系化解读》,《环球法律评论》2014 年第 2 期,第 53 页。

② Borghi M., Ferretti F., Karapapa S. Online Data Processing Consent under EU Law: A Theoretical Framework and Empirical Evidence from the UK. *International Journal of Law and Information Technology*, No. 2, 2013, p. 109.

③ 郑观:《个人信息对价化及其基本制度构建》,《中外法学》2019 年第 2 期,第 478 页。

对个人信息处理的同意。[①] 在网络服务中，信息处理者借助“使用即同意”的单方声明、格式条款的方式意图证明自己已尽到充分告知义务，但殊不知此时的同意机制已被架空。

3. 法律性质不同

个人信息主体作出的同意个人信息处理者收集、使用其个人信息的行为在法律性质上属于处分行为，是对其个人信息具有控制权的主体行使处分权的具体体现；而信息主体在与个人信息处理者订立服务合同或签订服务协议的过程中，就个人信息商业化利用所作出的承诺是典型的负担行为，其给付内容是主动提供与个人有关的信息供个人信息处理者收集和使用，二者在逻辑上与操作中均相互独立，因此不可混为一谈。[②]

（二）个人信息主体的同意与受害人同意

1. 受害人同意的概念

民法中对违法阻却事由[③]的规定典型的可见于侵权法中的受害人同意。受害人同意源自法谚 volenti non fit injuria，即同意不产生违法。它表现了个人主义的精神，使个人能够自由地决定如何处理自己的身体与财产，符合侵权法旨在合理分配私法上负担的旨趣。[④] 侵权责任法的宗旨是根据利益分配的合理性与对利益保护的适当性来实现公平正义。从权利的本质看，侵权责任法涉及的受害人权益即为受害人的行为自由，在实现加害人行为自由与保护受害人权益之间存在的冲突，便是侵权责任法所要解决的基本矛盾。[⑤]

---

① 陆青：《个人信息保护中“同意”规则的规范构造》，《武汉大学学报（哲学社会科学版）》2019 年第 5 期。

② 郑观：《个人信息对价化及其基本制度构建》，《中外法学》2019 年第 2 期。

③ 关于免责事由与违法阻却事由以及抗辩事由概念的辨析，学界讨论早已有之，参见程啸：《侵权责任法》，法律出版社 2015 年版，第 294—295 页；李超：《侵权责任法中的受害人同意研究》，中国政法大学出版社 2017 年版，第 178—180 页；王福友、高勇：《侵权违法阻却事由论纲》，《北方法学》2009 年第 6 期。由于这一概念辨析与本书的主要内容相关性较小，因此本书对免责事由和违法阻却事由的概念不做区分。

④ 王泽鉴：《侵权行为法》，中国政法大学出版社 2001 年版，第 273 页。

⑤ 张新宝：《侵权责任法立法的利益衡量》，《中国法学》2009 年第 4 期，第 176 页。

对受害人同意的概念，我国学者尝试作出定义。程啸教授认为："受害人同意是指，受害人就他人特定行为的发生或者他人对自己权益造成的特定损害后果予以同意并表现在外部的意愿。"①

综上可见，受害人同意的对象包含两个层面的内容：其一，受害人同意的对象可以是特定行为产生的损害后果，一般表现为侵权责任的承担，行为人对受害人的权益造成实际损害，若存在受害人的同意表示事由，行为人可以免于承担侵权责任；其二，受害人同意的对象还可以是特定的合法行为，并未给其造成任何损害后果。由此可见，受害人同意的适用情形不限于必定导致损害后果的法律行为，还包括合法的事实行为。

2. 受害人同意的适用类型

(1) 免责条款。免责条款是当事人双方在合同中事先约定的，旨在限制或免除其未来责任的条款，体现为合同文本或口头约定的形式。② 合同双方的合意是免责条款成立并生效的必要条件。依照意思自治的基本原则，当事人可以在法律规定的范围内自愿订立合同，约定双方的权利和义务，而合同义务既包括义务承担及违约责任，也包括可能减轻或免除当事人责任的免责条款。在我国，可以设立免责条款的法律依据为《合同法》第53条：一是造成对方人身伤害的情形；二是因故意或者重大过失造成对方财产损失的情形。这表明，当事人可以在满足不以侵害他人人身权利，并且不因故意或重大过失损害他人财产权利的条件下，可以在合同中约定免责条款。

从比较法上看，德国、法国、美国认可同意可以作为免责事由的效力，但也有国家尚未承认同意能够成为有效的抗辩。我国在起草《侵权责任法》时便有人提出应对受害人同意的法律效果问题作出明确规定，但直至民法典编纂阶段仍未将受害人同意列为法定的免责事由。虽然我国《民法典·侵权责任编》仍然延续了《侵权责任法》关于受害人同意规定的空白，但在特殊类型的侵权责任中对医务人员实施特殊诊疗活动时的免责

① 程啸：《论侵权行为法中受害人的同意》，《中国人民大学学报》2004年第4期，第111页。
② 王利明：《侵权责任法研究上卷》(第二版)，中国人民大学出版社2016年版，第224页。

事由作出了规定。[①] 由此可见，在特殊诊疗活动中，患者的书面同意构成医务人员实施医疗行为的免责基础。[②]

（2）受害人单方允诺。受害人单方允诺是指受害人虽未与行为人达成免责条款，但是承诺行为人侵害其自身的权利。[③] 在受害人单方作出同意的情况下，针对的是不特定的多数人，并不存在双务合同的相对人，即双方并非就同意的事项达成合意。在受害人同意的情况下，一旦有行为人实施了同意项下的行为，其原本应承担的法律责任应当得到减轻或豁免。

受害人的允诺既可以通过单方面的通知声明形式，也可以通过向行为人告知的方式明确表示出来，但同意的具体内容应当受到一定限制，以不违反法律规范和公序良俗为限度。虽然私法自治原则保护行为人对其自身权益的自由处分权利，但由于受害人同意以允许他人侵犯自己的权益为核心内容，而法律并不保护对人身权益的侵害行为，因此，受害人同意的事项只能针对他人侵害自己的财产权益。一方面，财产权的权能既包括占有、使用，亦包含处分和抛弃，受害人对其财产权益侵害的同意，意味着对其财产的放弃。同时，行为人作出侵害的财产范围和程度应当与受害人作出同意的范围相符，否则不能豁免其法律责任。另一方面，对人身权利的同意不宜作为免责基础，因为人身权与主体不可分离，权利人不得通过任何方式转让和抛弃。即使受害人自愿作出同意侵害其人身权利，通常也会违背社会公德和公共秩序，不得视为有效的同意从而阻却行为的违法性。当然，在特殊情况下，例如为公众或他人自愿捐赠自己的血液、人体器官，以及上述提及的自愿接受手术治疗等情形下对他人损害自己人身的同意，不属于违反公序良俗的情形。

概言之，如果受害人明确向行为人作出同意，允许其侵害自己的财产权益，可以视为其已经放弃了自己的财产权益，只要不损害国家利益、社会公

---

① 《民法典》第1219条规定："医务人员在诊疗活动中应当向患者说明病情和医疗措施。需要实施手术、特殊检查、特殊治疗的，医务人员应当及时向患者具体说明医疗风险、替代医疗方案等情况，并取得其明确同意；不能或者不宜向患者说明的，应当向患者的近亲属说明，并取得其明确同意。医务人员未尽到前款义务，造成患者损害的，医疗机构应当承担赔偿责任。"

② 程啸：《侵权责任法》，法律出版社2015年版，第302页。

③ 王利明：《侵权责任法研究》（第二版）上卷，中国人民大学出版社2016年版，第226页。

共利益和他人利益，原则上均可以发生阻却违法的效果。但如果受害人的同意是有限制的，且针对特定行为内容的，而行为人超过了该范围，导致受害人的财产或人身利益受损，对于超出同意的部分行为人仍然应该承担相应责任。

3. 个人信息主体同意与受害人同意适用的差异

同意是收集、处理个人信息行为的合法性基础之一，而受害人同意则成为个人信息主体同意的法律依据。受害人同意为个人信息主体同意的适用创造了条件，因个人信息的收集、处理行为并非必然导致个人信息主体利益受损的后果发生，实践中的具体情况例如移动终端 App、网站张贴的隐私协议，在收集个人信息需要点击或勾选同意项时，其根本目的也不全部是以侵犯公民个人的隐私等利益代价换取数据的经济价值。随着各类规范的出台，[①]对收集、处理个人信息行为的限制愈加严格，个人信息处理者不得不更加谨慎设计隐私政策，合理设置同意选项。

此外，因个人信息收集、处理行为的客体不同于普通民事法律行为客体，同时客体的特殊性又引起行为的特殊性。因此，个人信息主体同意与受害人同意仍有不同之处，在对具体法律规范进行解释与适用时应当进行区分，对个人信息主体同意作出特别解释。

(1) 限制条件不同。无论受害人同意的行使或个人信息主体作出同意，都应满足一定的限制条件，同意的意思表示不可由任意人轻易作出。我国理论界一般认为，受害人同意要求以同意主体对同意范围有相应的处分权限为前提。受害人同意实质上是对自己权利的处分，所以，其必须具有处分权限，[②]例如房屋主人同意他人侵入自己的住宅，是因其对自己的房屋享有所有权，可以作出此种处分；还有重大手术治疗、竞技体育运动中受害人的同意，是针对其健康权、身体权的一种处分，目前也是我国实践中受害人同意应用最广泛的场合。而个人信息主体同意更强调其对个人信息的控制，但非绝对的所有权、支配权。个人信息主体对个人信息的控制，是基于

① 例如国家互联网信息办公室秘书局等多部门于 2019 年 11 月印发的《App 违法违规收集使用个人信息行为认定方法》，其中列举了九项行为可被认定为“未经用户同意收集使用个人信息”的行为。

② 史尚宽：《债法总论》，中国政法大学出版社 2000 年版，第 127 页。

个人信息展现的主体利益,即个人信息主体享有的个人自决、隐私利益等应受法律保护。个人信息主体对个人信息的控制应当受到多重限制,一是个人信息的使用者、处理者对个人信息加工、处理的合法权益的限制,个人信息主体的控制并不意味着仅信息主体可以使用,作为个人信息的来源者、提供者,个人信息主体需在保障自身主体利益不被侵害的前提下为个人信息处理者提供便利,因对信息的加工、分析、整合后才使其价值得到最大限度的发挥,否则,封闭的信息将失去利用价值。二是实现个人信息更大范围内流通、共享、利用的社会利益的限制,个人信息被认为是社会福利和公共物品,[①]个人信息具有公共属性,其蕴涵的社会价值和公共价值源于人的社会性、群体性,每个人都是特定社会群体的一员,是社会整体的组成部分。若赋予个人对其一切个人信息的决定权或控制权实质是保护漫无边际的个人意志,与个人信息的社会属性和公共属性相悖。

(2) 适用范围不同。受害人同意来自西方法学理论,移植至我国侵权法领域,成为排除侵权行为违法性的一项正当化事由,学理上对其适用范围并无特殊限定,因此,凡是侵犯他人合法权益的行为都有可能适用受害人同意实现免责(具体情形应视是否满足同意的生效要件而定),然而个人信息主体同意并不应该适用于所有个人信息收集、处理行为。首先,信息的流动性、实时更新性决定了其只有在倡导流通的应用环境下才有生命力和利用价值,作为大数据形式的个人数据信息的价值在于被社会充分地发掘和使用,沉淀的数据是没有价值的。若存在某种技术可以将信息禁锢在一定控制范围内,这些被“锁住”的信息也是无用的,因为它已经失去了随时随地记录、分析主体的行为的意义。对全部个人信息使用场景均设置同意的关卡无疑会降低信息利用效率,不利于实现信息自由流动。其次,同意在实践应用中还存在诸多困境:隐私政策不够详尽与合理、重要事项未予增强告知,致使充分告知在现实中难以实现,同意制度被架空;由于个人有限的认知能力导致以同意为核心的隐私自我管理架构无法真正实现个

---

① Joshua A. T. Fairfield, Christoph Engel. Privacy as a Public Good. *Duke Law Journal*, Vol. 65, No. 3, 2015, pp. 385 - 457.

人对数据的掌控;[①]同意并非基于个人自愿、真实的意思表示作出,表现在多数产品或服务虽在隐私条款或服务协议中设置了同意的选项,但服务使用者实则无法选择,不勾选同意选项便无法进一步使用等多重问题。由于信息的特殊性和同意规则面临的困境,法律在制定规范时需重新审视同意的适用范围。作为一项个人信息处理的合法性事由,并非任何一个人的信息处理行为都需要征得信息主体的同意。作为一项违法阻却事由,个人信息主体的同意也并不应当成为信息处理者的免责屏障,而应为特定场景下衡量各方主体利益、判断信息处理行为是否合法的触发机制。

第三节 明确同意规则的法律效果

关于同意的功能和法律效果,西方学者拉里·亚历山大早有论述,他认为"同意具有道德上和法律上的双重效果"。[②] 与这一观点相近的还有海厄姆斯,他认为"同意行为可以产生变化。在法律上,同意允许行为者改变他们的权利以及与权利相关的义务。同意通过改变权利而赋予行为合法性"。[③] 我国台湾地区学者林玫君从法律上界定了同意的功能:"透过当事人的同意可以使一项原本是侵害当事人权利的行为,无论是对于当事人的身体、自由或其人格权的侵害因此而阻却违法。"[④]质言之,同意的法律效果即同意可以改变行为性质和结果的功能——因存在同意而引起行为性质发生合法的、合乎道德要求的转变,而相关行为在缺乏同意之前则可能是非法的、不合乎道德要求的。

---

① Danial J. Solove. Introduction: Privacy Self-management and the Consent Dilemma. *Harvard Law Review*, No. 126, 2013, pp. 1880 - 1903.

② Larry Alexander. The Ontology of Consent. *Analytic Philosophy*, Vol. 55, No. 1, 2014, pp. 102 - 113.

③ Keith Hyams. When Consent Doesn't Work: A Rights-Based Case for Limits to Consent's Capacity to Legitimize. *Journal of Moral Philosophy*, No. 8, 2011, pp. 110 - 138.

④ 林玫君:《论个人资料保护法之"当事人同意"》,《东海大学法学研究》第 51 期。

一、同意规则的事后救济效力：同意不等于授权

（一）民法上的同意行为与授权行为

同意行为和授权行为涵盖的范围十分广泛。首先，应将同意行为与授权行为置于民法的法律行为体系中分析，严格区分同意与授权在不同语境下的含义，才可能从本质上甄别二者的不同。民法上的“同意”包含多种含义，其行为效力应视具体情况而定，例如法定代理人的同意、一方变更合同时须经对方当事人的同意、无权处分权利人的同意、实施特殊诊疗活动时征得患者或其近亲属的知情同意、医疗机构及医务人员公开患者病历资料的同意等。我国民事领域尚无个人信息收集、使用、公开等需经信息主体同意的民事法律规定，与这一场景最相近的应是最后一种，[①]但也仅涉及医疗机构及医务人员泄露患者隐私和公开病历资料场景下的同意，并未涵盖患者个人信息应用的所有场景。对患者的病历资料及隐私信息的保护意在加强个人对其人格要素的控制，这种控制机制是通过为患者提供可选项下的同意保障实现的，即个人能自主决定是否公开与自己健康状况相关的信息，而同意一旦被认定有效便可以排除信息处理行为的不法性。病历资料等医疗健康信息是与个人关联最紧密的个人信息类型之一，《侵权责任法》确立了公开患者病历资料需经患者同意的规则，为其他类型个人信息的处理行为下的同意规则适用创造了可能，验证了民法可以为个人信息主体同意行为提供法律基础。至于这一基础是否与授权行为一致，则还需厘清民法中授权行为的具体内容。

笔者将民法中的授权行为划分为：基于民事主体权利能力而作出的资格授予行为和基于民事主体享有的财产权而作出的授予财产使用权行为。基于民事主体权利能力而作出的资格授予行为典型的例如代理权的形成，我国《民法总则》规定的代理行为包括法定代理和委托代理，其中委托代理

---

① 《侵权责任法》第62条：“医疗机构及其医务人员应当对患者的隐私保密。泄露患者隐私或者未经患者同意公开其病历资料造成患者损害的，应当承担侵权责任。”

即允许委托代理人通过被代理人的授权行为行使代理权，在被代理人授权范围内进行民事法律活动，《合同法》第402条规定在委托合同中委托代理人可以依法与第三人订立民事合同；基于民事主体享有的财产权而作出的授予财产使用权行为范围更加广泛，例如所有物的借用、设定用益物权、知识产权许可、人格权的商业化利用等。其中，人格权的商业化利用是基于经济利益对姓名、肖像等人格要素使用权的授予行为，目的是将权利客体当中的使用价值通过让位使用等方式转化为具有流通性的财产利益，进而为权利人现实享有。[①]

从这一特点来看，个人信息的流通利用与人格权的商业化利用在力求充分实现客体的使用价值上具有高度一致性。诚然，个人信息本身不具有独立的经济价值，它需要依赖特定载体、代码和其他诸种要素才能发挥工具性作用，即个人信息从来都是作为系统要素而存在的，不能单独发挥作用，也不能直接产生经济利益。[②] 而这种具有人格要素的个人信息只有与权利主体相分离，由使用主体对其加以利用，才能派生出财产利益，[③]即在满足个体价值基础上应将个人信息蕴含的社会价值最大化，合法、正当地实现个人信息的共享、流通与利用，而个人信息主体的同意正是实现这一目的的手段之一。从这一角度看，个人信息主体允许他人使用自己的个人信息，性质上属于许可他人对涉及人格要素的信息进行使用，其情形类似于自然人对肖像等人格权的许可使用，然而，目的和价值的一致性并不意味着个人信息主体的同意行为与人格权商业化利用的授权行为具有完全相同的权利基础、法律效力和法律后果。

1. 权利基础不同

对人格权商业化利用的授权是以自然人享有对人格权的绝对支配地位为前提的，其权利基础为民法中确立的姓名权、肖像权等各项具体人格权。然而，在个人信息主体做出同意行为时，其并未对个人信息享有绝对支配或控制的权利，无论是由于个人信息区别于其他权利客体的特殊性质，还是其

① 姚辉：《关于人格权商业化利用的若干问题》，《法学论坛》2011年第6期，第11页。

② 梅夏英：《数据的法律属性及其民法定位》，《中国社会科学》2016年第9期，第277页。

③ 隋彭生：《用益债权原论：民法新角度之法律关系新思维》，中国政法大学出版社2015年版，第6页。

具备的社会属性，都决定了个人无法对个人信息行使绝对的支配和控制的权利。

首先，从个人信息保护法指向的客体来看，个人信息无法也不应当成为主体控制或支配的对象，将个人信息作为绝对权的客体进行规制不仅不具有技术上的可能性，而且不利于信息的流通和利用。个人信息是关于人或描述人的一系列行为轨迹的信息，人的行为并非静态不变，因此个人信息具有即时性和实时更新性。作为大数据形式的个人数据信息的价值在于被社会充分地发掘和使用，沉淀的数据是没有价值的。若存在某种技术可以将信息禁锢在一定控制范围内，这些封闭的信息也是无用的，因为它已经失去了随时随地记录、分析主体行为的意义。

其次，从个人信息的属性来看，赋予个人对与其有关的个人信息的绝对权实质是保护漫无边际的个人意志，与个人信息的社会属性和公共属性相悖。在信息社会，交流方式的变革根本性地颠覆了传统信息产生、获取、使用与传播的方式，[①]有人把个人信息比作“一种公共福利”(public good)。[②]个人信息的社会属性具有普遍性，[③]其蕴涵的社会价值和公共价值源于人的社会性、群体性，每个人都是特定社会群体的一员，是社会整体的组成部分。在某种意义上，个人信息甚至成为一种公共物品，其涉及广泛的社会公共利益，不应当由个人排他所有，而是在某种程度上由社会决定个人信息的配置。[④] 因此，人与人之间存在相互影响、相互作用的关系，一个人的生存发展脱离不开社会整体。个人信息既是个人标识自己的工具，也是他人识别特定个人的工具，工具性质决定了个人信息的社会性、公共性。[⑤]

2. 法律效力不同

从法律效力看，对姓名、肖像等人格利益的授权使用、转让等商业化利

---

① Jerry Kang. Information Privacy in Cyberspace Transactions. *Stanford Law Review*, Vol. 50, No. 4, 1998, p. 1195.

② Edward J. Janger, Paul M. Schwartz. The Gramm-Leach-Bliley Act, Information Privacy and the Limits of Default Rules. *SSRN Electronic Journal*, Vol. 86, No. 6, 2002, pp. 1219 - 1261.

③ 房绍坤、曹相见：《论个人信息人格利益的隐私本质》，《法制与社会发展》2019 年第 4 期，第 102 页。

④ Corien Prins. Property and Privacy: European, Perspectives and the Commodification of Our Identity. *Information Law Series*, No. 16, 2006, pp. 223 - 257.

⑤ 高富平：《个人信息保护：从个人控制到社会控制》，《法学研究》2018 年第 3 期，第 93 页。

用行为会形成权利主体与部分权利相分离的状态，授权意味着权利主体让渡出某一部分权利或利益(财产利益)，实现个人人格要素商品化。在实践中，对自然人姓名、肖像的商业化利用，主要是通过签订许可合同的方式，授权他人使用来实现的。主体之所以能够许可他人对自己的某些人格要素加以利用，正是由于其权利本质上显现的财产性所致。[①] 承认人格权本质上具有经济利益内涵，并不是将"人格和尊严商品化"和降低对人格权的保护，而是加强对人格权的全面保护的表现。[②] 个人信息主体虽然同意他人使用自己的个人信息，但其并未放弃个人信息上的主体利益(既包括人格利益，又包括财产利益)，一方面，信息主体仍可在合法范围内使用该个人信息，当个人信息处理者不当行为造成个人信息泄露时，信息主体可依法主张其承担侵权责任；另一方面，信息主体仍保有随时撤回同意的权利，信息主体可根据客观情况变化选择收回自己的个人信息，以确保信息时刻可控和安全。

3. 法律效果不同

从法律效果看，法律规范规定授权行为是获得人格要素商业化利用权的唯一合法途径，例如《民法通则》第 100 条规定肖像权的商业化利用方式就是权利人的许可同意("公民享有肖像权，未经本人同意，不得以营利为目的使用公民的肖像")，这一规定排除了其他任何对自然人肖像商业化利用的合法事由存在的可能性，如果权利人本人不进行授权，对其肖像进行营利性使用行为就构成违法行为。《民法典》第 1018—1019 条对肖像权的许可使用重新作出了规定。[③] 而对于个人信息的收集、使用等行为，学界普遍认为同意可以成为一项合法性事由，但并非未经信息主体同意一律不得收集、使用个人信息。国外比较成熟的立法经验提供了其他项合法性事由，例如欧盟 *GDPR* 中除同意外，还有履行合同义务、履行法定义务、保护主体重大利益、维护公共利益或职务行为等事由也可构成个人信息处理的合法性基

① 姚辉：《关于人格权商业化利用的若干问题》，《法学论坛》2011 年第 6 期，第 12 页。

② 赵宾、李林启、张艳：《人格权商品化法律问题研究》，知识产权出版社 2009 年版，第 96 页。

③ 《民法典》第 1018 条第 1 款："自然人享有肖像权，有权依法制作、使用、公开或者许可他人使用自己的肖像"；第 1019 条："未经肖像权人同意，不得制作、使用、公开肖像权人的肖像，但是法律另有规定的除外。未经肖像权人同意，肖像作品权利人不得以发表、复制、发行、出租、展览等方式使用或者公开肖像权人的肖像。"

础。法律规范的规定体现了授权行为与同意行为在相应的使用行为中的效力强弱不同，作为个人人格利益商业化使用的合法性事由的授权行为效力强于作为个人信息处理合法性事由之一的同意行为。

4. 基础权利边界不同

从基础权利的权利边界上看，授权行为的对象是自然人的姓名权、肖像权等具体人格权，其权利内容及边界业已清晰规定在《民法典》中，法律为人格权商业化利用提供了积极的保护。而对个人信息的权利性质以及采取何种方式进行保护，学界仍未有统一观点，[①]权利的性质、内容、边界不清晰使得法律在确立保护方式时面临多种选择，确立对个人信息主体的同意规则也希望通过法定方式保障信息主体利益。同意也不宜上升为一种权利，只有当信息主体利益受到侵害时，方可触发这一保护机制。

（二）同意规则的事后救济效力

首先，同意并非对个人信息处理者的事先赋权行为，这一理由包含两个层次的内容：一是个人信息主体同意与授权行为有着本质区别，经由上文论证，无论从行为的法律后果及效力上看，还是从基础权利的权利边界上看，同意与授权都应进行严格区分，同意原则在个人信息保护法中的价值实现也并非通过主体赋权形式实现的，用户的同意规则指向的对象与其他个人信息权利（查询、更正、删除的权利）的客体不同，个人信息保护法律规范确立的查询权、更正权、删除权的客体是个人信息，具体的查询行为、更正行

① 对于个人信息的权利性质问题，学界多有讨论，有的认为个人信息权应由立法作为一项具体人格权进行保护，个人信息体现对信息主体的人格尊严和自由价值的保护，详见王利明：《论个人信息权的法律保护：以个人信息权与隐私权的界分为中心》，《现代法学》2013 年第 4 期；张新宝：《从隐私到个人信息：利益再衡量的理论与制度安排》，《中国法学》2015 年第 3 期；齐爱民：《个人信息保护立法研究》，《河北法学》2008 年第 4 期；崔聪聪：《个人信息控制权法律属性考辨》，《社会科学家》2014 年第 9 期。但也有学者持不同观点，认为应当建立一种新型的财产权，即个人信息财产权，以实现主体对其个人信息的商业价值支配权能，详见刘德良：《个人信息的财产权保护》，《法学研究》2007 年第 3 期；龙卫球：《数据新型财产权构建及其体系研究》，《政法论坛》2017 年第 4 期。还有学者提出，由于个人信息权利客体的特殊性，传统的人格权或财产权保护方式阻碍了信息的自由流动，有必要重新对信息权进行解释，个人信息保护权并非一项绝对的支配性权利，详见高富平：《个人信息保护：从个人控制到社会控制》，《法学研究》2018 年第 3 期；胡凌：《商业模式视角下的“信息/数据”产权》，《上海大学学报（社会科学版）》2017 年第 6 期。

为、删除行为都是对以特定载体存储于平台上的个人信息直接进行的；而用户同意的对象或事项却是特定的个人信息收集和使用行为，因此无法将“同意”与其他个人信息权利归入同一性质的具体权利。二是事先同意多数不具有现实意义，尤其是在个人信息收集阶段征得的个人信息主体同意多为隐私条款或用户协议的必要内容；但个人信息主体往往对其同意贡献出的个人信息后续使用范围、目的、方式等不知情，甚至并不关注，这反过来加大了个人信息处理者任意利用个人信息获利的机会。因此，同意机制已与设置时的目的背道而驰，沦为个人信息处理者不当处理信息乃至滥用信息的保护伞。

其次，同意规则以事后救济为核心。在个人信息保护和流通实践领域，作为个人信息处理行为的合法化依据之一，同意的运用不应被要求绝对化的适用于所有个人信息处理场景，只有当个人信息的收集、处理行为有侵害信息主体利益的风险或造成实际损害后果时，这一救济机制才有了实现个人信息主体利益保护的可能性。因此，这一机制是由个人信息处理者的不当行为而触发的，仅具有事后救济效力，并非事先由法律赋予特定主体以一项规定。与同意有关的因果关系链条先由特定的个人信息收集或使用行为引发个人信息侵权行为，而后在寻求法律救济阶段判断是否符合同意规则的要求，进而确定是否能够阻却个人信息处理行为的违法性。

二、同意非个人信息处理的唯一必要条件：未经同意不一定侵权

目前无论是《网络安全法》，还是《个人信息安全规范》，或者《民法典》中人格权编有关个人信息同意的规定，[①]以及备受关注的《个人信息保护法》，都将同意作为个人信息处理的合法性基础，即“个人信息的收集、使用须经个人信息主体同意”。从比较法上看，欧洲各国（地区）的个人信息保护法均将个人信息主体的同意作为个人信息保护的一般规则，同时规定同意是个人信息处理的合法性基础之一。美国消费者领域、医疗健康领域、未成年人的个人信息保护均确立了不同的同意规则。日本的《个人信息保护法》虽奉

① 《民法典》第1035和1037条的规定。

行“同意为例外”的基本规则，仅针对“需注意的个人信息”的处理活动需要个人同意，但同意仍是处理特定类型个人信息的合法性基础。从法律发展进程上看，在各国的个人信息保护法发展历程中，对于个人信息处理规则基本上符合从严到宽的规范趋势。最初的立法目的是防范个人信息滥用，免受国家公权力的不当侵犯，加强个人信息保护和国家的严格管制，因此在某一特定时期同意确实成为除法律规定外唯一的合法性事由，但随着时代的发展，大数据的经济价值不断凸显，单一依靠同意规则限制个人信息的利用变得不再符合时宜，因此各国纷纷修改个人信息保护法，将除同意外的多项合法性事由列入法律规定，以此促进个人信息的合理流通和使用。由此，可以得出结论：同意在个人信息保护法律框架下扮演着极其重要的角色，但其角色为收集、处理、使用个人信息的合法性事由“之一”，并非唯一、绝对、必要的基础。同意具有阻却违法效力不代表所有场景均需同意，即并非必须取得当事人的同意才能进行收集、处理活动。

首先，在具体个案中，当事人同意可能与其他合法事由并存，例如履行合同的需要，此时究竟应以何者（或兼采多项事由）作为个人信息处理的法律基础，需要视个人信息使用目的以及个别事由的适用范围等因素分别加以考量。[1] 例如，在雇佣关系中，作为个人信息处理者的用工单位需要收集员工的个人信息，可能会在签订合同时获得员工的同意，这时依据的合法性事由便是信息主体的同意事项，同时由于二者均处于雇佣合同的法律关系中，用工单位仍可在履行合同的必要范围内收集、存储并使用员工的个人信息，而不论其是否已经单独就该事项做出同意，这时依据的合法性事由还可以是履行合同必需的事项。但如果用工单位需要利用该员工的个人信息转作其他用途，则仍须凭借主体同意的合法性事由，另行征得员工的同意。

其次，同意有时候并不适合作为收集、使用个人信息的合法性事由，选择其他事由作为合法收集、使用个人信息的基础反而更为适当。在特定情形下，由于双方当事人地位不对等，个人信息主体囿于经济等不利因素可能无法真正进行自主决定，同意面临缺乏真实性的适用困境，此时若仍将个人

① 刘定基：《析论个人资料保护法上“当事人同意”的概念》，《月旦法学杂志》2013 年第 218 期。

信息主体同意作为合理化个人信息处理的依据,不仅同意的效力值得怀疑,而且在个人信息处理活动自始具有其他合法性事由的情形下仍寻求当事人同意则有可能构成误解或者出现显失公平的现象。[①]

三、同意规则的有限免责效力

(一) 同意不必然阻却违法

首先,同意的法律效果不等于同意必然产生阻却行为违法性的结果。个人信息保护中同意规则的规范逻辑应当是由特定场景下的特定行为触发而选择使用的规则。目前,一些网络运营者在提供服务时容易将收集、使用用户个人信息的目的混入其提供的服务中,误使用户认为收集、使用个人信息是获得网络服务的前提性条件,然而实际情况是,网络运营者在提供服务的过程中,基于合法、正当、必要的目的收集、使用用户个人信息时,需要具备合法性基础,这才触发了同意机制。

为了进一步确保同意规则取得应有的实施效果,一些网络运营者采取了诸如“下拉最底页”“强制读秒”等强化告知程序的优化和改良措施,但是对于如何获得真实有效的个人同意产生的作用十分有限。由此可见,无论如何从形式上改良获取用户同意的规定,上述操作并未对网络运营者收集、使用个人信息的行为产生实质上的影响力和约束力,相反却成为网络运营者肆意收集或不当使用个人信息的“保护伞”,导致用户在使用网络运营者提供的服务时,不得不付出同意收集、使用个人信息的不平等对价。同意规则最初是作为保护用户个人信息的防御救济机制,但在应用过程中逐渐转化为个人信息处理者规避风险的手段,使其失去了应有的制度价值。

(二) 非以同意作为合法性前提时,同意不是违法阻却事由

同意并非取得个人信息的唯一途径,信息主体的同意并非个人信息处

---

① Article 29 Data Protection Working Party, Guidelines on Consent Under Regulation 2016/679, 17/EN, WP 259 (April 10, 2018).

理的必要条件。《欧盟基本权利宪章》规定了个人信息处理的正当性基础既可以是用户本人的同意，也可以是基于其他的法定事由。[①] 对于个人信息处理的正当理由，最具参考意义的是欧盟《统一数据保护条例》提供的规范思路，其第 6 条还列举了其他五项合法事由。[②] 因此，在特定情况下，对个人信息的收集和使用还可以依据这五项合法性事由作为前提。

那么，同意规则的有限免责效力中的"有限"便有了第二层含义：在非以同意作为合法性前提的个人信息处理行为中，即使个人信息处理者事先取得了个人信息主体的有效同意（同时满足实质要件和形式要件的同意），在由个人信息泄露、不当使用等造成信息主体权益受到侵害的情况下，个人信息处理者也不得以其获取了信息主体的同意作为抗辩事由，进而主张免除或减轻自己的责任。

综上所述，个人信息保护中的同意规则的法律效果可以概括为：在一定范围内可成为阻却行为违法的事由，但未经同意不得当然成为侵权行为的构成要件。申言之，其核心法律效果便是在涉及个人信息权益受到侵害时阻却个人信息处理行为的违法性，对个人信息的不法侵害具有救济功能。采取这一原则进行保护，立法只得选择事后救济路径而非事先赋权路径，即只有当个人信息的处理产生侵权损害后果时，同意机制作为一项违法阻却事由才得以触发，个人信息处理者是否事先征得个人信息主体的同意成为司法裁量中的一项重要因素。

四、由"三重同意"机制检视同意规则的法律效果

在个人信息保护的同意规则运用于司法实践裁判的过程中，不乏对互联网企业收集个人信息行为性质及合法性基础认定起标志性作用的案例，

---

① EU Charter of Fundamental Rights, Article 8(2).

② *GDPR* 第 6 条规定的其他五项合法性事由为：① 履行数据主体为一方当事人的合同或在订立合同前为实施数据主体要求的行为所进行的必要的数据处理；② 为履行数据控制者的法定义务所进行的必要的数据处理；③ 为保护数据主体或另一自然人的重大利益所进行的必要的数据处理；④ 为履行涉及公共利益的职责或实施已经授予数据控制者的职务权限所必需的数据处理；⑤ 数据控制者或第三方为追求合法利益目的而进行的必要的数据处理。

其中最典型的案例是“新浪微博与脉脉不正当竞争”。[①] 在这一案件的事实认定与行为合法性判断过程中，法院确立了收集和使用个人信息时应遵循的“三重同意”[②]模式，即“用户同意＋平台同意＋用户同意”模式，[③]具体判定思路为：一是作为第三方开发者，在通过平台获取其正常经营范围所需的用户数据之前，必须由互联网平台（本案中一审原告为新浪微博）征得其用户的同意，体现用户对平台隐私政策的同意与接受，在隐私政策中，平台会告知需用户同意收集、使用的个人信息的内容及范围等事项；二是依据互联网平台与第三方开发者事前订立的《开发者协议》，获取平台的合法同意后取得 Open API 接口的准入权限，实现数据的合法传输；三是开发者（本案中一审被告为“脉脉”）在收集、使用基于平台提供的用户数据之前，需事先征得用户的同意，这既是源于第二阶段开发者与平台的协议约定，也是法律上关于“个人信息收集、使用必须经个人信息主体同意”这一规范的必然要求（见图 3－1）。而本案的争议焦点也主要围绕被告获取用户数据的行为是否符合第三层同意的要求，经法院认定，“脉脉”在未取得用户的明确同意的前提下便获取了平台的用户信息，包括个人头像、名称（昵称）、职业信息、

---

① “脉脉”是一款以提供职场求职招聘信息，帮助职场人拓展人脉的社交应用 App 软件，其与新浪微博通过《开发者协议》进行合作，并按约定通过微博平台 Open API 接口获取新浪微博的用户数据。合作期间，新浪微博方以“脉脉”超过合同约定获取其平台上的用户数据，并在中断合作关系后以仍未完全删除其获得的数据为由提起诉讼。一审法院判定被告“脉脉”在双方合作期间非法抓取、使用超出双方协议约定范围的用户信息（职业信息和教育信息），且在合作结束后继续非法使用新浪微博的用户信息，这一行为构成不正当竞争，二审法院维持了这一判决结果。参见北京市海淀区人民法院（2015）海民（知）初字第 12602 号民事判决；北京知识产权法院（2016）京 73 民终 588 号民事判决。

② 本案的审理过程及判决文书中均使用了“授权”一词，但此处的“三重授权”是对具体案件审判思路的总结归纳，将“授权”与“同意”混用是日常表述中的惯用说法，其实际含义是用户或互联网平台作出的“同意”行为，并无强调同意具有授权的法律效果之意。为避免引发理解上的歧义，本书下文均使用“同意”。

③ 此后关于互联网平台与第三方数据开发者收集、使用用户数据的授权模式，裁判依据均参照“新浪微博与脉脉不正当竞争纠纷”一案，采取“三重同意”模式，例如 2018 年“淘宝与安徽美景公司不正当竞争纠纷”就肯定了这一模式，并将该规则的适用范围扩大至“使用其他网络运营者收集的用户信息”，并将个人行为痕迹信息纳入适用范围，参见杭州铁路运输法院（2017）浙 8601 民初 4034 号民事判决；杭州市中级人民法院（2018）浙 01 民终 7312 号民事判决。2019 年“腾讯与今日头条（抖音、多闪等）不正当竞争纠纷”一案，再次肯定并适用了“三重同意”模式，并对“平台同意”的具体要求进行细化，进一步限制第三方开发者利用平台的用户数据，参见天津市滨海新区人民法院（2019）津 0116 民初 2091 号民事裁定书。

教育信息及用户自定义标签、手机通信录及微博好友等，违反了诚实信用原则与公认的商业道德。

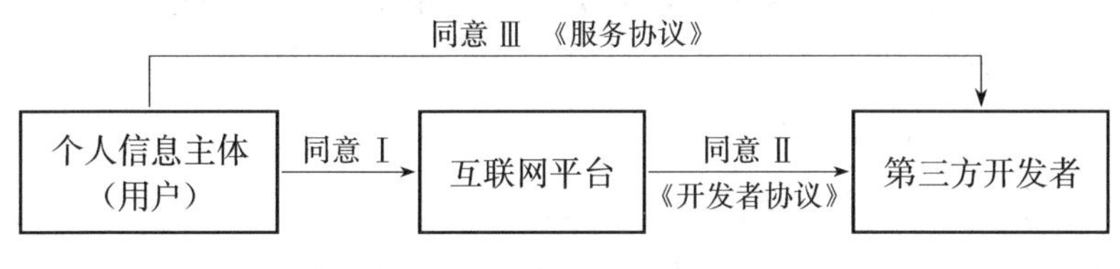

图 3-1 “三重同意”规则的司法运用

本案的判决结果在一定程度上以司法判例的形式践行了诸如《网络安全法》《消费者权益保护法》《全国人民代表大会常务委员会关于加强网络信息保护的决定》确立的收集、使用个人信息必须征得个人信息主体同意的基本规则。虽然结合具体案情推演出的“三重同意”模式符合法律规定，但因其必要性和正当性的缺失，导致用户个人权益无法获得真正的保障，法律规则的应然架构与个人信息保护实然困境的冲突不得不使我们重新审视同意的法律效果。

在“三重同意”规则适用中，可以依据对个人信息的获取和利用方式将其分成两个阶段：一是个人信息的“一次利用”，即互联网开放平台方直接收集、使用用户的个人信息须获得用户的同意；二是个人信息的“二次利用”，即第三方开发者通过开放平台，例如通过 Open API 模式间接获取用户数据时，必须经过平台方同意和用户本人的再次明确同意。在用户数据的一次利用阶段，同意的主体是用户个人，针对的对象是从用户处直接收集的诸如个人名称（昵称）、头像、职业信息、教育信息等用户数据，适用传统的知情同意规则，旨在加强个人对其个人信息的控制和保护；而在二次利用阶段，原始用户数据脱离信息主体而进入数据收集者或利用者的实际控制，后者还可能对这些原始数据进行进一步的加工处理，而依据《开发者协议》个人信息的二次利用不仅应当与第三方开发者存在合同关系，而且需要重新征得用户的同意。① “三

① 对用户数据的直接获取或间接获取都涉及个人信息主体（用户）的同意，因此，本书下文讨论“同意的法律效力”均针对本案“三重同意”模式下的两项“用户同意”，不讨论“平台同意”的效力问题，这也与我国现行法律规定的同意主体相符。

重同意”规则看似为个人信息主体(用户)和平台的数据权益提供了充分保障,确保个人信息在收集、使用的每一环都严格执行知情同意规则,但无论是在一次利用阶段要求对所有的个人信息收集行为均须得到用户“具体的、清晰的,在充分知情的前提下自由做出的同意”,还是在二次利用阶段要求第三方开发者分别征得用户和企业同意的规定,都不仅会增加个人信息收集利用的操作难度,而且还会引导人们错误理解同意机制的法律效果。这里,需要回答两个问题:第一,“三重同意”规则的确立是否意味着同意的主体因此享有与个人信息相关的权利?第二,一旦获得用户和平台的有效同意,个人信息的收集者、使用者实行的行为是否一概免责?

第一个问题关于同意是否具有授权的法律效果。对于互联网平台和第三方开发者而言,用户数据是网络经营者收集和分析用户需求,提供定制化产品和服务,进而提升用户体验的重要源泉。① 因此,法律规范和司法程序确立的“三重同意”规则应保障用户个人得以按照其意愿决定与其有关的用户数据是否可被平台或第三方开发者收集、使用,但用户对其用户数据的决策与控制并不意味着享有一种受私法保护的同意权利。对同意机制的作用不应过分解读为确立个人对其个人信息的处分权利,即使在用户同意新浪微博平台或“脉脉”收集其个人信息之后,用户仍可继续使用该个人信息,即个人信息对于用户的使用价值并不会因为其他信息处理者的处理行为而受到削减。从反面看,个人信息若单纯依靠为用户确立新型的个人信息权利保护其正当权益,结果可能会导致权利的滥用和亵渎。对于用户的信息权利保护应以信息处理者严格规范自身的行为为出发点,同意机制只是在个人信息主体的利益遭遇侵害风险时的救济手段之一,具有事后性、不可预见性。

第二个问题关于同意是否具有绝对的免责效力。“新浪微博诉脉脉”一案作为大数据时代有关个人信息商业化利用第一案,②其确立的个人信息

① 许可:《数据保护的三重进路:评新浪微博诉脉脉不正当竞争案》,《上海大学学报(社会科学版)》2017 年第 6 期,第 18 页。

② 薛军:《大数据时代数据信息权益的法律保护》,《中国知识产权报》2017 年 2 月 8 日,第 11 版。

保护模式对大数据时代建立信息利用秩序起到了指示性作用。“三重同意”规则在本案及后案中的运用，目前来看符合我国个人信息保护的相关规定，但其背后反映出平台与第三方开发者存在滥用同意规则实现“风险规避”之嫌，例如，“脉脉”在其提供的《脉脉服务协议》中表明，“用户一旦使用第三方平台账号注册、登录、使用脉脉服务，淘友公司对该等第三方平台记录的信息的任何使用，均将被视为已经获得了用户本人的完全同意并接受”，“用户对淘友公司的前述明确同意是不可撤回、基于其自身真实意思表示的授权”，此种隐私协议在实践中相当于基本架空了同意规则，不符合个人信息保护规定中同意的合法形式及运用规则。在发生相关纠纷后，法院也在判决中指出：“脉脉未在服务协议中充分告知用户相应行为的后果，且无权选择关闭相关对应关系或展示方式等”。由此可以看出，若泛泛地要求个人信息收集、使用一概要征得主体同意，不仅不能达到保护个人信息主体利益的目的，而且更加容易使同意机制沦为信息处理者滥用个人信息、规避风险的工具，最终导致同意规则运用的现实效果与设立初衷相背离的不利后果。因此，对同意的免责效力不宜做扩大解释，同意是否可以达到阻却个人信息处理行为违法性还应视行为的具体性质、后果及是否与其他合法性事由相关联等因素综合评判。

另外，同意是否应当成为个人信息处理的唯一前置必要条件？在“新浪微博诉脉脉不正当竞争”一案中确立了“三重同意”的司法规则，即奠定了“同意为个人信息处理必要条件”这一原则在审判活动中的指导地位，但正如本书前文所述，在个人信息利用的场景下，个人信息处理者与信息主体之间的法律关系可能涉及多重利益，若个人信息主体永远享有决定他人是否可以收集、使用个人信息的权利，那么，当个人信息的利用与公共利益、其他重大利益相关时，例如新浪平台将收集的用户信息供公安机关调查取证之用，则此时个人信息的处理的正当性基础便不再是个人的自由意志，故应将“三重同意”规则的适用范围做出合理限定，即同意并非唯一合法事由，在某些情况下的同意甚至与个人信息处理并无因果关系。

小　　结

私法领域保护个人的自由、平等和意思自治，在“法无禁止即自由”的权利推定规则指引下，权利人与相对人均受到这一规则的约束，个人可在不侵犯他人合法权益的情况下自由行事。对于权利人而言，权利意味着自由，而他人的权利则意味着对自己的限制。[①] 正是由于每个人都处于权利与义务相制衡的环境下，故人的自由、平等权利才可以得到保障。然而，存在于同意这架规制天平两端的主体既包括个人信息主体，也包括个人信息的处理者。实现和保护个人信息主体的主体利益和自由意志意味着对个人信息处理者行为自由的适度限制，即个人信息处理者初始状态下的收集、处理行为不自由，只有通过个人信息主体的同意机制才可将个人信息处理者的限制打破，实现其对目标信息的合理使用，达到个人信息最大化利用的理想状态，因此，同意规则的法律效果应是使个人信息处理者原本无法自由处理信息的行为获得自由，使原本不合法的信息处理行为变为合法。同意规则旨在保护个人信息主体的自决权，这意味着对个人信息处理者行为自由的适度限制，即个人信息处理者在初始状态下并不享有处理其个人信息的自由，只有通过个人信息主体的同意机制才可将个人信息处理者的限制打破，实现个人信息处理者对个人信息的合理使用，达到个人信息最大化利用的理想状态。

同意并非个人信息处理行为合法性的实体构成要件，仅具有保障程序正当性的作用。关于同意规则的规范表达，国际法上通行的做法是将其列为一项个人信息处理的合法性基础，而我国现行法律规范没有使用“合法性基础”这一表述，我国对同意的规定总体可分为两类：一是以《民法典》第1035条、《网络安全法》第41、42条等为代表的规定，即个人信息的收集、使

① 彭诚信：《现代权利理论研究：基于“意志理论”与“利益理论”的评析》，法律出版社2017年版，第302页。

用、提供等行为须以该个人的同意为前置条件；二是以《民法典》第1036条、最高人民法院《关于审理利用信息网络侵害人身权益民事纠纷案件适用法律若干问题的规定》第12条为代表的免责事由的规定，即个人信息主体的同意在一定条件下可以成为个人信息处理者免于承担侵权责任的事由之一，易言之，同意在一定条件下可以阻却个人信息侵权行为的违法性。但无论是哪一种形式的规范表达，都未将同意作为个人信息处理的合法性构成要件，因此，同意类似个人信息处理者合法进行个人信息收集、使用等活动的第一道“闸门”，满足了同意要件仅达到实现程序正义的目的，而具体的信息处理行为是否构成侵权还应结合侵权责任的构成要件进行确认。

第四章

个人信息保护中同意的实质要件与形式要件

同意的法律效果可以借鉴比较法上医疗伦理领域对知情同意的具体要求，并结合个人信息保护实践特点进行细化改良，这构成了个人信息保护中同意规则的实质生效要件，即自由要件、知情要件、具体要件、明确要件、同意能力要件。同意行为的实质要件是同意真正发挥其阻却个人信息处理行为违法性，保障个人信息主体权益功能的必要基础，尤其是同意能力要件的确立有助于保护未成年人在个人信息处理法律关系中的利益。此外，同意的有效形式要件也制约着同意效力的实现，是个人信息处理者应当严格遵守的形式要求。具体情形下的同意应用场景虽千差万别，但应符合相同的实质要件和形式要件。

第一节　同意的实质要件

同意的实质要件是使既定的同意行为发生行为人意欲实现的法律效果的必要条件，即个人信息处理者选取同意作为其处理个人信息行为的合法性前提，使个人信息主体做出同意需同时满足下述五项实质要件：自由、知情、具体、明确、信息主体具备同意能力。本节结合国内外立法及个人信息保护实践中的同意模式存在的问题进行详述。

一、自由要件：同意是真实和自愿作出

（一）自由要件的基本要求

首先，应当考虑双方权力（权利）、地位不对等的情况。事实上，在许多合同关系中，个人往往处于一种类似的压迫关系之下，个人不仅无法拒绝个

人信息收集者的要求，而且对个人信息处理的种类和方式亦无从决定或选择。近年来，欧盟个人信息保护工作小组特别重视个人信息处理者与信息主体之间地位的不对等，可能影响后者自主决定权实现的问题，例如医疗和雇佣关系中的个人信息收集、处理、使用的同意。以雇佣关系为例，假如雇员基于对雇主的工作关系依赖，担心一旦拒绝同意雇主收集其个人信息将遭受差别待遇，甚至失去工作这一缺乏拒绝期待可能性的情况。由于雇员做出的同意可能不是基于自由意愿的决定，故应判定为无效。[①] 同意需出于个人信息主体的自由意愿，这一规定在一定程度上可以达到保护个人的目的，但是在个人信息主体与个人信息处理者双方权力（权利）、地位不对等的关系下，自由要件的要求可能形同虚设。

其次，应充分考虑以同意为基础的履行合同情形。个人信息主体的自愿同意在实践中主要转化为合同领域的问题：个人信息处理者利用其向个人提供的服务对于个人而言是不可或缺或者个人希望得到该服务的心理需求，易将信息主体是否同意其收集、使用个人信息作为缔结合同的前置性条款。例如，出租人将获取与潜在承租人的偿债能力相关信息作为订立租赁合同的前提；社交网络经营者将获取潜在用户同意其个人信息被传输给第三方，并被其用于广告目的作为订立服务合同的前提等情形，普遍存在于人们的生活中。在上述情况下，个人信息主体面临着做“全有或全无”的选择。为了能够通过相关合同获得目标商品或者目标服务，他们除了同意个人信息处理者对其个人信息进行处理之外别无其他选择。欧盟立法者早已意识到此问题，因此其在 *GDPR* 中对这一情形予以明文规定，其第 7 条第 4 款规定的主要内容是在判断同意是否出于个人自主意思时，必须尽最大可能考虑各种情况，以及信息主体同意对个人信息的收集、使用是否为履行合同所必需。若个人信息的处理并非履行合同所必要，那么，订立合同不应当以个人信息主体同意为必要条件。这一规定对于评价主体的同意是否基于自由意志作出具有重要作用，这要求个人信息处理者不得将同意与服务合同

---

① 有学者提出质疑意见，认为即使个人信息主体有所不满（grumbling）或是不情愿（reluctant），只要同意仍出于自愿，即属有效。Rosemary Jay. *Data Protection Law And Practice*. Sweet and Maxwell Publishing, 2012, p. 198.

中必须接受的条款进行捆绑，也不能在服务合同或条款中涵盖履行合同非必须的个人信息处理请求。如此，*GDPR* 能够确保基于同意的个人数据处理不会直接或间接成为履行合同的抗辩事由，欧盟法律对自由要件的规范逻辑重在强调“尽最大限度考虑合同的履行包括服务的提供是否以基于不必要的同意个人数据处理为条件”，而对于何为“履行合同所必需”应当进行严格的解释，例如 *GDPR* 第 29 条工作组列出了诸如线上购物时获取主体的地址以便寄送快递；获取个人信用卡的基本信息以便付款；雇佣关系中获取薪金信息和银行账户信息以便支付工资；等等。[①] 总之，在个人信息处理与执行合同目的之间应当有直接且客观的联系。[②]

再次，同意需要基于个人信息主体的真实意愿和自由意志作出。这一要求不仅适用于作出同意的选择，而且对于主体能够自由撤回其同意的表示或行为也同样适用。由于个人信息主体享有自由作出同意的权利，则其也同样有机会在任何时候作出撤回同意的决定，同意的撤回应当与同意的作出同样容易。原则上，同意如果无法被撤回，则一般可认为同意的效力是有瑕疵的。[③] 撤回同意行为在实践中诸如注销用户账户、卸载游戏软件或其他方式终止使用服务，都可视为用户作出了撤回同意的表示。对个人信息处理的同意是广义的个人信息自决原则的一部分，正因如此，每个人都有自由决定他人可以如何处理自己的个人信息的权利，当然也包含收回同意的权利。[④]

从法律保障个人信息自决权的角度或是从一般意思表示的要求角度，都可以类推适用同意行为，当事人同意对于其个人信息收集、利用应出于真实和自愿。所谓自由(freely given)的同意，是指当事人在决定过程中真正有选择同意与否的机会，不受欺诈、胁迫等情况的影响。对信息主体来说，

① Article 29 Data Protection Working Party, Opinion 06/2014 on the Notion of Legitimate Interest of the Data Controller Under Article 7 of Directive 95/46/EC, WP 217, pp. 16 - 17.

② Article 29 Data Protection Working Party, Guidelines on Consent Under Regulation 2016/679, WP 259, p. 8.

③ WP29 Opinion No. 15/2011 on the definition of consent, from 13th July 2011. 01197/11/EN. WP187. p. 13.

④ WP29 Opinion No. 15/2011 on the definition of consent, from 13th July 2011. 01197/11/EN. WP187. p. 32.

“自由”意味着真实选择和控制(real choice and control)。若信息主体没有真正的选择权,被迫同意或者面临不同意将承受不利后果。将同意作为不可协商条款的一部分,便可推断出该同意不是基于自由意志作出的,故这样的同意是无效的。[①] 任何对信息主体施加不适当的压力或者影响(无论是社会的、经济的、心理的或其他来源的压力或影响),对信息主体造成利益严重受损或显失公平的情形都会导致同意无效。

(二)自由要件的现实困境

实践中,同意规则多体现在网络服务隐私条款、用户协议等内容中,这些内容并未给用户提供真正的选择空间,在诸多场景中用户同意难以真正实现。为使用产品或服务,用户往往除了点击同意之外并无其他选择,因为如果其不同意就无法使用这些应用 App。[②] 实践中,数据企业将这种同意机制实际已经异化为一种默认机制,大多数用户并不知道自己“同意”就已经构成了“同意”。[③] 换言之,面对冗长的同意声明,信息主体作出的同意很可能不是基于真实的意思表示,而是为了换取获得服务所做出的让步,此时的同意权利已经被架空,难以真正实现信息主体对信息的自我控制。

更为复杂的情况是,信息处理者可能将与第三方共享其采集的个人信息或者将信息跟踪、收集、分析的环节外包给第三方,这样一来,个人对其自身的信息更难通过一纸同意的隐私协议实现控制。目前,商家的惯用方法是通过“一揽子”同意或打包隐私文件让用户一次性同意,由于合同具有相对性(仅约束合同双方当事人),第三方与信息处理者之间一般不会将如何使用、处理个人信息告知信息主体。个人信息在二次利用的过程中更加难以通过同意实现透明化。

---

① Article 29 Data Protection Working Party, Opinion 15/2011 on the Definition of Consent, WP 187, p. 12.

② 例如苹果的 iTunes Store,要想通过其下载苹果客户端的 App 就必须选择同意;腾讯视频、QQ 音乐等登录时需要用户同意其获取用户的好友关系,用户一旦拒绝则无法使用该程序。

③ 林洹民:《个人信息保护中知情同意原则的困境与出路》,《北京航空航天大学学报(社会科学版)》2018 年第 3 期,第 15 页。

（三）自由要件的规范设计

从我国的个人信息保护规范来看，《网络安全法》第 41 条只是笼统地规定了个人信息收集、使用应“经被收集者同意”，并未强调同意必须出自当事人的自由意志。《电信和互联网用户个人信息保护规定》第 9 条规定：“电信业务经营者、互联网信息服务提供者不得以欺骗、误导或者强迫等方式收集个人信息。”《个人信息安全规范》也强调了收集个人信息的合法性要求应满足“不得欺诈、诱骗、强迫个人信息主体提供其个人信息”。然而，目前我们常用的应用程序和浏览的网页上展示的用户服务协议或隐私条款都将同意处理个人信息设置为使用该程序或访问该网站的默认前置条件，如果不勾选或不点击同意选项便无法进行下一步操作。此外由于用户协议冗长复杂，如果完全阅读并理解协议内容需要花费大量时间，绝大部分用户不会浏览协议而直接使用特定服务，这等同于认可协议的效力。从这个意义上看，同意的作出并非基于用户的真实意思表示，至少用户一方的意思表示不自由。① 此外，个人信息的“累积效果”也让当事人难以在收集之初就了解、掌握信息经累积、组合后所可能产生的影响，②难以做出正确的决定。因此，多数个人信息主体做出的同意行为不符合自由这一要件。

对于欠缺自由要件的同意行为的法律效力问题，应参考我国民法关于法律行为效力的规定，并结合个人信息保护特殊性进行衡量。关于欺诈、胁迫等行为的法律效力，我国《民法总则》对以意思表示不真实情况下实施的法律行为的效力作出了规定。个人信息的处理行为与传统民事法律行为相比不仅涉及主体的财产利益，而且与个人的人格利益密切相关，对个人信息的不当利用会给个人信息主体造成更大程度的损害。综上所述，个人信息主体同意必须出于真实、自愿的要求可归纳为以下两点。

第一，个人对于促成其同意的相关事实有所认识，且被赋予真正的机会可以自由选择是否同意处理个人信息，而无须承担任何不利后果，同时应有

---

① 胡凌：《论赛博空间的架构及其法律意蕴》，《东方法学》2018 年第 3 期。

② 瞿相娟：《个人信息保护立法中“同意规则”之检视》，《科技与法律》2019 年第 3 期，第 59 页。

随时撤回同意的权利。

第二,个人信息主体与个人信息处理者之间存在显著的地位不平衡时,认定个人信息主体作出同意的效力时除应考量各种情况之外,还应注意同意行为是否为履行合同所必需。

二、知情要件:同意须基于主体知情

(一)知情要件的基本要求

同意原则也被称为知情同意原则(informed consent)或通知与选择(notice and choice),即个人信息处理者在收集个人信息之时,应当对信息主体就有关个人信息被收集、处理和利用的情况进行充分告知,并征得信息主体明确同意的原则。[①] 知情是获得同意的先决条件和内在规范要求,要保证信息主体能够做出明智的决定,个人信息处理者应当向信息主体提供充分的信息,并且要告知他们所同意的具体内容,以及主体享有撤回同意的权利。违反知情同意要求的后果是同意无效,如果个人信息处理者不能为个人提供可访问的信息,个人控制将失去意义,同意原则将变成无效的信息处理原则。为此,个人信息处理者必须尽到充分的告知、说明义务,向信息主体提供的相关事项信息必须清晰、易懂、准确且全面。在实践中,个人信息主体做出的同意必须建立在其对一项将要进行收集、处理、利用或传输行动能够正确理解和认识的基础之上。因此,公开个人信息的收集、使用规则,明示收集、使用个人信息的目的、方式和范围,并令个人信息主体就该部分公开的内容认可或同意,体现告知义务和同意范围的相对统一性。[②]

在明确了知情要件的基本要求后,还必须正确判断个人信息处理者是否尽到了告知义务,即其所提供的资讯是否足以使信息主体知情。*GDPR* 对个人信息处理者提出的要求是:个人信息处理者提供的信息应简洁、透明、易懂且容易获取,使用清楚平实的语言;信息应以书面形式或通过其他

---

① 齐爱民:《信息法原论:信息法的产生与体系化》,武汉大学出版社 2010 年版,第 76 页。

② 万方:《隐私政策中的告知同意原则及其异化》,《法律科学(西北政法大学学报)》2019 年第 2 期,第 62 页。

手段提供，包括在适当情况下使用电子手段。当信息主体请求时，也可以口头方式提供，但应采取其他方式验证信息主体的身份。[①] 这一规定为个人信息处理者提供了两项标准：一是对于告知的内容，个人信息处理者应确保能够选用明确清晰的语言，符合普通人易于理解的标准，例如在隐私政策中，不宜使用冗长晦涩、难以理解的术语；二是提供信息的形式不限于书面形式，口头形式、电子形式都是合法的告知同意形式。此外，如果同意需要作为合同的一部分，则需要将同意与其他事项区别开。如果合同包含许多与个人信息的使用同意问题无关的内容，则同意应当以明显突出的方式体现或者在单独的文件中体现。同理，如果通过电子的方式请求同意，则同意请求必须是单独并且明显的，而不能只是条款或者条件中的一个段落。

知情要件除了在个人信息处理前为个人信息处理者设置告知义务之外，在信息处理过程中乃至处理完成后也是一项十分重要的工作。在个人信息处理进程中，信息主体有权可以随时访问与自己有关的信息（掌握个人信息使用的具体情况），这一点并无争议，但在个人信息处理完毕之后，知情原则仍应得到贯彻，以使个人信息主体知晓个人信息处理者对于个人信息的后续处理及是否存储或删除信息。对于一些信息主体而言，他们可能并不希望自己的信息被个人信息处理者长期保存。因此，知情要件应在个人信息处理的全过程中得到普遍执行，并且一直延续至个人信息相关处理活动完全结束，而这一点是目前所有与个人信息保护有关的法律规范所忽视的。

（二）知情要件的现实困境

在正确场景下使用同意是十分重要的。[②] 同意机制设计的目的是希望个人能对自己的个人信息做出有意义的、明智的决策，换言之，个人信息主体要想实现对自身信息的控制，就应当能理解做出同意选择后产生的影响，

---

① *GDPR*, Article 12.

② WP29 Opinion No. 15/2011 on the definition of consent, from 13th July 2011. 01197/11/EN. WP187. p. 10.

并有能力对是否披露个人信息进行控制。① 然而，个人信息主体在现实中往往缺乏对信息的足够了解，而缺乏专业知识又会限制其正确选择的能力，从而遭遇“认知难题”(Cognitive Problems)。②

从主观方面来说，网络服务平台多采用在用户协议里嵌入隐私声明或单独提供隐私政策的方式告知用户采集、使用其个人信息的目的、方式、内容、范围等，并按法律规定阐述信息处理的风险和信息主体享有的权利。理想的状态被设想成为：用户认真阅读隐私声明—了解隐私声明的法律含义—与其他提供相似服务的互联网服务商协商—判断是否能从他处获得更好的隐私保护—权衡是否点击同意的按钮。但现实却与此截然不同。③ 首先，平台提供的隐私声明或隐私政策往往过于冗长、复杂艰涩，信息主体往往需要花很长时间去阅读。④ 据一份报告分析，虽然Google的隐私政策被认为是设计十分合理的，但是普通人需要花费35分钟才能阅读完毕。⑤ 大多数用户的做法是不阅读隐私政策的内容而划到页面最底端直接点击“同意”，同意的选项对信息主体而言常常形同虚设。鉴于每个人在一天之内可能会访问数百个网站，读完所有的隐私文件将会非常耗时且代价高昂，用户事实上无法了解每个网站的隐私保护政策与声明。⑥ 在这种例行公事式的同意中，自决的成分就算有也微乎其微，使同意的作用被虚化和弱化。⑦ 其次，隐私声明和隐私政策通常涉及法律和技术方面的专业术语，对于缺乏法

---

① Lorrie Faith Cranor. Necessary but not Sufficient: Standardized Mechanisms for Privacy Notice and Choice. *Journal on Telecommunications and High Technology Law*, Vol. 10, No. 2, 2012, p. 278.

② Daniel J. Solove. Privacy Self-Management and the Consent Dilemma. *Harvard Law Review*, Vol. 126, No. 7, 2013, pp. 1880 - 1903.

③ Gindin S. E. Nobody Reads Your Privacy or Online Contract—Lessons Learned and Questions Raised by the FTC's Action Against Sears. *Northwestern Journal of Technology and Intellectual Property*, Vol. 8, No. 1, 2009, pp. 1 - 37.

④ Frederik Zuiderveen Borgesius. *Consent to Behavioral Targeting in European Law: What are the Policy Implications of Insights from Behavioral Economics?* Social Science Electronic Publishing, 2013, pp. 2013 - 2043.

⑤ Katy Steinmetz. These Companies Have the Best (and Worst) Privacy Policies. https://centerforplainlanguage.org/reports/time-privacy-policy/.

⑥ Ohm P. Branding Privacy. *Minnesota Law Review*, Vol. 97, No. 3, 2013, p. 930.

⑦ 吴泓：《信赖理念下的个人信息使用与保护》，《华东政法大学学报》2018年第1期，第28页。

律和IT背景的用户而言，很难真正理解其背后运行的机制。因此，即使大多数人定期阅读隐私政策，人们通常也缺乏足够的专业知识来充分评估同意当前使用或披露其个人信息的可能后果，导致用户难以理解隐私声明或隐私政策的含义。调查表明，一半以上的隐私政策对大多数美国网络用户来说是十分难以理解；25%以上的欧洲人同样认为隐私政策过于麻烦。再次，即使信息主体阅读并理解了隐私声明和隐私政策的内容，但由于缺乏做出理性选择的认知能力，也无法掌握个人信息处理活动的全貌，因此无法正确做出决定。最后，即使信息主体阅读、理解了隐私政策，并且基于自身能力做出了有效的选择，但他们还可能面临"歪曲决策"问题，即同意的实行依赖于个人理性判断和理性选择的能力，然而个人理性是有限的，个人并非自身利益的最佳判断者。人们经常缺乏足够的技能和背景知识去评价同意处理个人信息的后果，他们经常为了很小的利益就出卖自己的个人信息。[①]人们决策时往往考虑眼前利益而忽视长远利益，即使人们能够正确判断自身的利益以及同意的后果，基于个人理性判断和理性选择能力的有限性，他们也并不能保证其做出的选择一定符合自身利益。

从客观方面来说，同意行为的保护的客体是一切与个人有关的信息。信息与传统的权利客体例如财产、身体或者人格尊严都不相同。[②] 通过对海量个人信息的收集、处理，以及对特定个人的识别能力日益增强，传统个人信息的边界愈发模糊，导致个人信息保护法的适用范围大幅扩张。而且随着个人信息含义不断扩张，其与自然人联系的紧密程度也会发生变化，个人信息本就不是与个人一一对应，更何况随着公开程度和应用场景的变化，个人信息本身展现的利益也在发生变化。同一个人信息在不同场景下侧重保护的利益价值不同，应结合具体情况具体分析，因此，个人在做出决策时应当付出更多的努力，针对每一个人信息的处理行为进行特定的同意，这无

---

① Bart W. Schermer et al. The Crisis of Consent: How Stronger Legal Protection May Lead to Weaker Consent in Data Protection. *Ethics and Information Technology*, Vol. 16, No. 2, 2014, pp. 171 - 182.

② 张新宝：《从隐私到个人信息：利益再衡量的理论与制度安排》，《中国法学》2015年第3期，第38页。

形中提高了对信息主体同意能力的要求，增加了信息主体的同意负担。

（三）知情要件的规范设计

知情要件包含信息处理者的告知义务和信息主体的知情权两个方面。我国现行法律规范将个人信息处理者的告知义务范围归纳为以下三个方面：① 个人信息收集和使用的目的、方式、范围、规则；② 个人查询、更正信息的渠道；③ 拒绝提供个人信息的后果等事项。[①] 2017 年，《个人信息安全规范》的施行更加细化了关于收集个人信息时个人信息处理者的告知要求，即个人信息处理者在收集个人信息之前应履行告知义务。对于告知的内容，《个人信息安全规范》作为一份行业标准，规定较 *GDPR* 更加详细和全面，具体包括两大方面内容：收集的信息类型；收集的规则。收集规则诸如收集和使用个人信息的目的、收集方式和频率、存放地域、存储期限、自身的数据安全能力、对外共享、转让、公开披露的有关情况等。与欧洲法律相比，我国法律在告知义务范围上的规定相对狭窄，例如个人信息处理者的身份、享有撤回同意的权利、是否会用于自动化决策、数据传输可能存在的个人信息保护上的风险等均未要求；在告知的方式上，也未强调必须以清楚、平实的语言呈现，故在告知内容和告知方式方面均有进一步完善的空间。[②]

对于知情的要求，我们可以借鉴比较法上的规定，*GDPR* 强化了同意必须知情的要求，其第 5 条明确透明度要求是与公平原则及合法性原则密

---

① 2012 年全国人民代表大会常务委员会《关于加强网络信息保护的决定》第 2 条规定："网络服务提供者和其他企业事业单位在业务活动中收集、使用公民个人电子信息，应当遵循合法、正当、必要的原则，明示收集、使用信息的目的、方式和范围，并经被收集者同意，不得违反法律、法规的规定和双方的约定收集、使用信息。网络服务提供者和其他企业事业单位收集、使用公民个人电子信息，应当公开其收集、使用规则"。2013 年工信部《电信和互联网用户个人信息保护规定》第 9 条第 2 款规定："电信业务经营者、互联网信息服务提供者收集、使用用户个人信息的，应当明确告知用户收集、使用信息的目的、方式和范围，查询、更正信息的渠道以及拒绝提供信息的后果等事项"。《消费者权益保护法》第 29 条第 1 款规定："经营者收集、使用消费者个人信息，应当遵循合法、正当、必要的原则，明示收集、使用信息的目的、方式和范围，并经消费者同意。经营者收集、使用消费者个人信息，应当公开其收集、使用规则，不得违反法律、法规的规定和双方的约定收集、使用信息"。《网络安全法》第 41 条第 1 款规定："网络运营者收集、使用个人信息，应当遵循合法、正当、必要的原则，公开收集、使用规则，明示收集、使用信息的目的、方式和范围，并经被收集者同意"。

② 陆青：《个人信息保护中"同意"规则的规范构造》，《武汉大学学报（哲学社会科学版）》2019 年第 5 期，第 125 页。

切相关的基本原则之一；第13—14条则规定了个人信息处理者向个人信息主体提供相关信息的法定义务，即在个人信息处理者收集个人信息时，应当向个人信息主体提供以下信息以保证信息主体充分知晓其个人信息的处理情况：① 个人信息处理者的身份和联系方式；② 个人信息处理的种类、目的及合法性基础；③ 个人信息存储的期限；④ 个人信息主体享有的访问、更正、删除权利，以及可以随时撤回同意的权利等内容。此外，当个人信息是从第三方处获取时，还应告知个人信息的接收者。[①] *GDPR* 第29条是关于知情同意的最低限度要求，即为了获取知情同意，个人信息处理者至少应当告知信息主体下列事项：① 数据控制者的身份；② 每一项数据处理行为的目的；③ 收集和使用的数据类型；④ 是否有撤回同意的权利；⑤ 关于自动化决策的数据使用信息；⑥ 缺乏充分告知和适当保护而做出的同意决定导致的风险。[②] 在上述情形中，个人信息处理者应保证在收集个人信息之前就已经将相关信息告知信息主体，并取得了其同意。然而，在某些特殊情形下，同意在个人信息收集之后才取得，但并未降低个人信息处理者的告知义务，具体包括以下方面：一是在个人信息使用的后续阶段发生变更，此时个人信息处理者提供的信息应侧重于该情形下为实现新目的而需要进行的信息处理，并重新征得个人主体的同意；二是在涉及将个人信息转移至第三国的情形下，个人信息处理者的告知义务应包括保证信息主体已经充分了解这一情况，并且对于由于缺乏充分性选择和相应的保障措施，可能面临的信息转移风险有充分的知晓度。[③]

三、具体要件：同意须有具体特定的内容

（一）具体要件的基本要求

具体特定的（specific）同意是指个人信息主体做出的同意必须针对某

---

① GDPR，Article 13、14.

② Article 29 Data Protection Working Party，Opinion 06/2014 on the Notion of Legitimate Interest of the Data Controller under Article 7 of Directive 95/46/EC，WP 217，p. 13.

③ GDPR，Article 49.

种特定的行为或后果，对于收集、处理、利用个人信息的目的和范围有明确的认识，而主体做出的特定同意需以信息处理者针对拟进行的每一项个人信息处理行为，尽可能将一切信息和风险全部披露给个人信息主体——即使是关联性不大的风险。① 对于个人信息在何种条件下可能被处理、利用，以及是否会被提供给第三方处理等，个人信息主体必须清楚可知。当然，概括的同意（blanket consent）由于没有具体指明个人信息处理的目的和范围，不符合明确要件，因此不是有效的同意。②

在个人信息保护的法律规范中，无论是欧洲《统一数据保护条例》还是我国《个人信息安全规范》都对同意的这一要件作出了具体规定。*GDPR* 第 6 条第 1(a)款认定主体作出的同意必须与“一个或更多具体的目的相关，并且对每一项目都有选择同意与否的权利”，要求同意必须明确旨在确保信息主体对用户的控制和透明度；第 29 条则对特定性提出了进一步要求，要使获得的同意符合具体特定的要求，数据控制者必须做到以下三项：① 个人信息处理严格遵守目的限定规范，这一要求旨在防止事后个人信息的功能发生改变；② 对于同意的请求应该分别进行；③ 将基于同意进行的个人信息处理活动的信息与其他事项的信息进行区分。③

首先，目的限定规范的内容是在数据控制者获得有效同意之前，应当先确定一个具体、明确、合法的目的来进行预期的数据处理活动。④ 依据 *GDPR* 第 5 条第 1(b)款，个人信息处理需要得到个人信息主体具体、特定的同意，以防止在最初信息主体同意收集数据后，数据控制者逐渐扩大或模糊处理数据，将收集来的他人个人信息转做他用。这种现象也被称为功能改变，是数据主体可能面临的一种风险，因为它可能导致数据控制者或第三方意外地使用个人数据，最终导致信息主体失去对个人信息的控制。如果数据控制者依据

① 田野：《大数据时代知情同意原则的困境与出路：以生物资料库的个人信息保护为例》，《法制与社会发展》2018 年第 6 期，第 122 页。

② B. Hofmann. Broadening Consent-and Diluting Ethics? *Journal of Medical Ethics*, Vol. 35, No. 2, 2009, pp. 125,128.

③ WP29 Opinion No. 15/2011 on the definition of consent, from 13th July 2011. 01197/11/EN. WP187. p. 11.

④ WP 29 Opinion 3/2013 on purpose limitation (WP 203), p. 16.

同意处理个人数据并且希望将个人数据用于其他目的，那么，数据控制者需要为这个目的向主体寻求额外的同意，或者除非有另一合法性基础支持数据控制者做出这种处理行为。至于个人信息主体的同意是否符合明确具体要件，应该审视信息处理者在事前是否已经将收集、使用个人信息的预期目的和范围等情况充分告知个人信息主体。同意的具体要件与知情要件一脉相承。

其次，对于同意分别进行的含义是数据控制者在征求不同个人信息处理目的的同意时，应针对每一目的提供相对独立的"同意"，以使用户对特定的目的做出明确的同意。

再次，数据控制者应该为每个独立的同意请求提供特定的信息，即为每个目的处理数据，以便使数据主体意识到基于其不同选择而产生的影响。

我国《个人信息安全规范》确立了个人信息处理者开展个人信息处理活动应遵循目的明确原则，此外，在收集个人信息前，个人信息处理者"应向个人信息主体明确告知所提供产品或服务的不同业务功能分别收集的个人信息类型，以及收集、使用个人信息的规则（例如收集和使用个人信息的目的……），并获得个人信息主体的授权同意"。此外，使用他人信息如果超出之前收集时的范围时，应当再次征得个人信息主体的明示同意。

需要说明的是，虽然个人信息处理者告知的关于个人信息处理目的和范围的事项越具体，个人信息主体的同意针对的事项就越明确，个人对其个人信息的掌控度也越高，然而具体、明确的要求在实践中存在一定的成本问题，在个案中如何权衡值得思考。欧盟《个人数据保护指令》允许对这一规定有一定的弹性，即利用个人信息的情况仅告知其使用的类型（category）即可。因此，对于具体、明确的标准还应结合个人信息处理的具体实践和不同场景进行适度调整。

（二）具体要件的现实困境

在大数据时代，明确告知信息主体其信息的使用目的不具有现实可能性，因为这一困境涉及个人信息保护的另一重要原则——目的限定原则。目的限定原则在世界主要国家（地区）的个人信息保护法中多有体现，是个人信息处理的基本原则之一，其基本要求是个人信息的收集和处理应基于具体、明确、合法的目的进行,且随后不得以与该目的相违背的方式进行处理。① 但目的限定原则执行的效果并不理想,因为大数据分析的价值就在于在数据分析之前根本无法确定其使用目的,而通过个人信息的后续比对挖掘和价值开发却成为个人信息创造价值的主要来源。在大数据时代,信息自由流动的速度是前所未有的,甚至是不可控的,在个人信息被处理之前,人们要预测将来可能发生的事实并在假设的未来情景里考量自己现在的选择,不仅个人无法准确预测,而且连信息处理者也无法确定会产生什么样的结果。信息处理者一旦将收集的个人信息用于超出最初收集时确定的、无法预知的目的,传统目的限定原则将会遭遇前所未有的挑战。②

在现有的网络服务条款或隐私协议中,对于收集个人信息的目的多采用概括加列举的方式,网络服务提供者只列举出主要的使用范围,但其后台仍对收集的个人信息进行处理,有些甚至超出了合理使用的范围。然而在协议中,却并未给用户提供逐项同意的选择,而是以全有或全无的形式进行概括式同意。这种"一揽子同意"的方式明显不符合具体要件的要旨。

另外,有学者在总结"同意"的困境时,还提出了个人信息在未来分析、处理过程中易产生"聚合问题"(the problem of aggregation)。尽管有时个人信息主体做出的同意是其经过谨慎权衡后做出的,这是因为他们认为仅凭这些碎片化的个人信息无法识别出个体的身份,不会对其造成任何隐私泄露的威胁,但他们可能没有意识到的是,一旦将这些碎片化信息拼凑起来,结合这些数据并加以分析,便可产生相关主体的隐私信息,这些信息聚合之后将对信息主体的隐私构成威胁,而在现实中信息主体则对其信息产生的聚合效应很难理解和防范。③

(三)具体要件的规范设计

同意的做出需满足具体要件,目的是防止初次经同意收集个人信息后

① *GDPR*, Article 5(1).
② 范为:《大数据时代个人信息保护的路径重构》,《环球法律评论》2016年第5期,第94页。
③ Daniel J. Solove. Introduction: Privacy Self-Management and the Consent Dilemma. *Harvard Law Review*, Vol. 126, No. 7, 2013, pp. 1880-1903.

逐渐扩大或变更信息使用的范围，以规避个人信息主体遭受信息泄露或被第三方不当使用。这一要件可以概括为三层含义。

第一，基于不同目的和范围的处理行为，需要多次取得同意，且每一项同意的意思表示仅对应一种处理行为，多次同意需要相对独立做出。

第二，基于相同目的和范围的多次使用行为，可免于重复获得同意。

第三，同意需要针对具体特定目的，泛化的同意不是有效的同意。

四、明确要件：同意须满足明确要件

明确要件是针对同意表现形式提出的更高要求，主要指个人信息主体的同意应该符合明确、不含糊或无歧义（unambiguous）的要求。欧盟在《个人数据保护指令》第2条中，就将同意描述为“数据主体的一项意愿表达，数据主体以此表示他同意处理与其有关的个人数据”。[①] *GDPR* 以此项规定为基础，明确了同意需要数据主体的声明（statement）或者明确的肯定性行为（a clear affirmative action），[②]同时在第7条第2款明确：如果个人信息主体通过声明的方式做出同意，且书面声明涉及其他事项，则同意应以易于理解且与其他事项显著区别的形式呈现。违反 *GDPR* 有关声明的一切内容均不具有约束力。由此可以看出，同意需要通过积极的动作或者声明来表示。信息主体同意了特定的数据处理必须是显而易见的，即使用清楚且明确的方式表达其意愿。如果个人信息主体同意的表达方式不明确，则其做出的同意也是无效的，其中“明确的肯定性行为”意味着数据主体必须要有一个深思熟虑后的行为来同意特殊的数据处理。在 *GDPR* 的规定中，预先勾选的同意是无效的。数据主体的沉默或者不作为或者只接受一项服务，不能被认为是一种积极的选择。[③] 例如，在安装软件时，应用程序向数

---

① Directive 95/46/EC, Article 2(h) Described Consent as an Indication of Wishes by which the Data Subject Signifies his Agreement to Personal Data Relating to him being Processed.

② *GDPR*, Article 4(11): "'consent' of the data subject means any freely given, specific, informed and unambiguous indication of the data subject's wishes by which he or she, by a statement or by a clear affirmative action, signifies agreement to the processing of personal data relating to him or her."

③ Article 29 Data Protection Working Party, Guidelines on Consent Under Regulation 2016/679, WP 259, p. 15.

据主体请求获取同意来使用非匿名的用户协议来改进软件就包含用户需要选择的隐私声明请求，数据主体通过积极地在选择框中打勾来确定“我同意”，被认为是有效的、明确的肯定性行为。

此外，数据控制者应该以数据主体明白的标准来设计同意机制。数据控制者必须避免含糊的语言，并且要确保表示同意的行为可以与其他行为区分开。明确要件要求个人信息主体做出的同意必须体现其真实意愿，如果信息主体的同意所表达的意愿可能产生疑问，则其同意就被判定是含糊不清或者有歧义的。因此，*GDPR* 第 29 条提出只是正常使用网站不能推断出信息主体同意进行数据处理操作的意愿，向下滑动或者浏览网页不能满足明确的肯定动作的要求，这是因为继续滚动将使同意的注意难以区分或在数据主体快速滚动大量文本的过程中被忽略，并且这种操作也不够明确。

同意的明确性要件包括两方面要求：一是个人信息处理者需要直接取得个人信息主体清晰、明白的同意，或者个人信息处理者通过构建一套严谨的同意程序，推定当事人的同意是明确做出的。二是个人信息处理者所征得的同意必须是个人信息主体或其授权的代理人做出的。明确要件对个人信息处理者提出的要求也构成了判定同意是否符合这一要件的两项核心标准：其一，该项同意是否属于个人信息处理者通过科学严谨的同意程序收集到的，该程序是否能够保证信息主体做出的同意能够明确无误的表达其内心真实意愿；其二，个人信息处理者是否能够确保该程序获得到的同意来自与个人信息有关的主体本人或其授权的代理人，在网络信息技术手段下，个人信息处理者有义务采取一系列措施进行验证。[①]

五、主体的同意能力要件

（一）同意能力与民事行为能力

个人信息主体的有效同意还需要满足个人信息主体具备同意的能力，

---

① 王进：《个人信息保护中知情同意原则之完善：以欧盟〈一般数据保护条例〉为例》，《广西政法管理干部学院学报》2018 年第 1 期，第 63 页。

如果个人信息主体缺乏同意的能力，则个人信息处理者获得的同意是无效的。对于同意能力的问题，欧盟个人信息保护工作小组认为，在以“履行合同必要范围”作为收集、使用个人信息的合法事由时，适用民法有关行为能力的规定，以确定合同的效力。①

同意能力是一个人对其决定的性质、程度以及可能产生的后果的理解能力。② 这种同意的能力不同于行为能力，行为人只需具备相应的识别能力，即可以认识到即将发生的权益侵害为何，进而处分自己的权利即可。民事行为能力的制度功能不仅体现在实现行为人的意思自治，而且能够维护交易安全，因此，在法律规范中多以年龄作为划分不同类型民事行为能力的重要判断标准。但是，同意规则与民事行为规范不同，其在维护交易安全方面的诉求十分薄弱，它着重保护个人信息的自我决定权。

因此，个人信息主体并不需要具有完全的行为能力，例如在收集具备识别能力的未成年人个人信息时，只需取得其本人的同意即为有效。由此，如果依据其精神和道德的成熟程度能够判断侵害行为的性质、同意的意义和后果，其做出的同意就是有效的同意。在个人信息处理的过程中，对于同意能力的要求必须结合具体的个人信息处理场景，例如个人信息收集、使用或者传输的具体内容，以及对权利人可能造成的影响等加以判断。③

（二）未成年人的同意

在确定了同意能力的规范含义后，还应简要分析同意的年龄问题，这里主要讨论未成年人是否可做出有效同意行为的问题，以及法律是否应该给予未成年人特别的保护。现代科技社会，电子设备的普及不仅给成年人的工作、生活创造了便利条件，而且未成年人对新兴电子产品领域的了解和使用也在逐渐扩大，许多网络在线课程、早教学习等活动甚至以电子设备为工

---

① Article 29 Data Protection Working Party, Opinion 15/2011 on the Definition of Consent, No. 01197/11/EN, WP 187, p. 6.

② 程啸：《侵权责任法》，法律出版社 2015 年版，第 304 页。

③ 陆青：《个人信息保护中“同意”规则的规范构造》，《武汉大学学报(哲学社会科学版)》2019 年第 5 期，第 122 页。

具进行，因此，对未成年人的认知影响和人格塑造具有重要作用。在这一情形下的当事人不要求具有行为能力，只需要其具有对于同意内容的理解能力和风险识别的判断能力即可。[①] 由于未成年人的心智尚未成熟，理解能力和判断能力也存在个体差异，故在某些个人信息社会化利用的场合可能缺乏足够的自我防御能力，其个人信息权益更易受到个人信息处理行为的侵害，因此，对其不能适用与成年人相同的个人信息保护模式，应以年龄为界限进一步限缩其同意能力的成立条件。

从比较法经验上看，对于是否应以个人信息主体的实际能力和年龄对特殊主体提供特别保护，欧盟个人信息保护工作小组主张应当建立统一的最低同意年龄门槛和适当的年龄确认机制，尤其是当个人信息的处理是利用线上网络形式取得同意的情形，以便为未成年人提供进一步的保护，并避免法律冲突。[②] 在这一主张的指引下，欧盟 *GDPR* 第 8 条第 1 款对信息社会服务中儿童同意的适用条件作出了规定，即在向儿童直接提供信息社会服务的情形中适用同意的规定时，只有对年龄不低于 16 周岁儿童的个人信息处理才是合法的，对年龄不满 16 周岁的儿童，应当获取该儿童的监护人的同意。此外，即使欧盟的成员国出于特定目的可以在法律上规定更加低的年龄界限，但是最低不得低于 13 周岁。由此可以看出，欧盟通过 *GDPR* 为未成年人个人信息的处理行为提供了特殊的保护，其区分保护的标准和依据是信息主体的年龄，而对具体年龄界限允许成员国在合理范围内进行调整。欧盟 *GDPR* 第 8 条第 2 款规定：考虑到现有可利用的技术，数据控制者应当做出合理的努力，应核实在涉及儿童个人信息处理的情形中，该儿童的监护人做出同意或授权的情况。这一规定本质上体现为个人信息处理者在采取收集、使用个人信息的行为之前，有义务确认未成年人做出的同意行为是否具有法律效力，只有在征得未成年人的监护人这一责任主体的同意后，才可以合法地处理未成年人的个人信息。从风险分配的角度看，建立这一行之有效的确认机制，而不是将确认

---

① 许文义：《个人资料保护法论》，三民书局 2001 年版，第 239 页。

② Article 29 Data Protection Working Party, Opinion 15/2011 on the Definition of Consent, No. 01197/11/EN, WP 187, p. 28.

信息主体同意能力的风险转嫁给未成年人，乃是充分考虑到未成年人在社会经验、信息技术上所处的相对劣势地位，同时，个人信息处理者一般具备承受这一风险的能力，符合风险分配原则，能够贯彻保护未成年人的基本精神。[①] 美国《儿童网络隐私权保护法》旨在保护网络活动中的儿童隐私权，该法与 *GDPR* 同样规定了网络运营者收集儿童个人信息时，应当通知并取得其监护人的有效同意。[②]

反观我国社会未成年人的发展现状，未成年人网民数量快速发展，且持续向低龄群体渗透。对于未成年人进行网络活动中面临的各种风险，尤其是收集、使用未成年人的个人信息规则，法律并未作出特别规定。工信部于 2012 年发布的《公共及商用服务信息系统个人信息保护指南》规定，一般情况下，信息服务提供者不得直接向未满 16 周岁的未成年人等限制民事行为能力或无行为能力人收集敏感个人信息，如果确有需要收集其个人敏感信息的，必须征得其法定监护人的明示同意。这一规定虽然开启了我国保护未成年人个人信息的全新历程，但其保护的对象仅是未成年人的个人敏感信息，根据"法无禁止即可为"的法理逻辑，未成年人的非敏感个人信息在收集和使用之前，无需取得其监护人的同意。这一规定对未成年人的个人信息保护力度明显偏低，从个人信息的关联属性来看，无论是一般个人信息，还是特殊个人信息（例如敏感信息），均直接或间接地涉及未成年人个体，这些信息一旦被他人泄露或者滥用，将会对未成年人信息主体的身心健康造成无法预估的损害，直接影响其人格的全面发展。未成年人的心智尚处于发展之中，对收集、使用自己的个人信息产生的后果可能缺乏清晰的认识。因此，未成年人同意他人收集、使用个人信息的行为宜被评价为不能独立实施，应得到其监护人的同意。[③] 这一规范缺陷在 2017 年发布的《个人信息

---

① 姜盼盼：《欧盟个人信息保护法中当事人同意的立法经验与启示》，《图书馆建设》2018 年第 11 期，第 16 页。

② *Children's Online Privacy Protection Act* of 1998, SEC. 1302. Definitions (9). 该法条规定，网络运营者收集 13 周岁以下儿童的个人信息时应采取合理方式，并考虑现行可行的技术手段，向儿童的父母通知并取得其关于收集、使用和公开儿童信息的同意。

③ 杜换涛：《论个人信息的合法收集：〈民法总则〉第 111 条的规则展开》，《河北法学》2018 年第 10 期，第 39 页。

安全规范》中得到了修正。[①] 此外,我国《个人信息保护法》同样将年龄界限划定为14周岁,[②]这两项规范内容的要旨都不对个人信息类型进行区分,而对于收集、使用未成年人的个人信息进行全面的保护是我国立法进程的进步。

第二节 同意的形式要件

民法中的表示行为包括明示表示和默示表示两种。明示表示是指直接以文字或语言将内心的意思表示出来,从而使意思表示受领人直接从表示行为中获知行为人的意思内容,这种表达只需以普通人可以理解的语言和文字清楚地完成意思表达即可;默示表示是指可以从某些特定行为中推断出行为人的意思表示,故又称为推断行为或推断表示,该表示行为并不体现于言辞,而是体现在某些表明结果的表示行为,在特定情境下与其他情况相联系,人们可以从一个行为中得出一个确定的意义或结论,从而明确其中的意思,因此又称为结论性行为。[③] 明示同意直接根据行为人的口头或书面表达即可判定其要表达的意思,因此比较容易识别,而默示同意的判断需依据行为人的表示行为揣测其内心意思,以确定其行为是否行为人的真实意图。

一、明示同意

在个人信息处理过程中,明示同意是指个人信息主体明确通过语言或者文字、行为表明同意他人收集、使用、处理自己的个人信息。明示同意的

---

① 《个人信息安全规范》第5.5(c)规定:"收集年满14周岁的未成年人的个人信息前,应征得未成年人或其监护人的明示同意;不满14周岁的,应征得其监护人的明示同意。"

② 《个人信息保护法》第14条规定:"个人信息处理者知道或者应当知道其处理的个人信息为14周岁以下未成年人个人信息的,应当取得其监护人的同意。"

③ 米健:《意思表示分析》,《法学研究》2004年第1期,第35页。

特点在于其是行为人公开宣示的同意。由此可见，同意必须以积极的、主动的方式做出。除此之外，信息主体的沉默和不作为均不构成有效同意。

明示同意的具体表现方式不局限于书面形式，也可以是积极的肯定性行为。书面形式有其天然优势，一方面，采取书面形式能够使个人信息主体对所要选择的事项内容有细致的了解，亦能更加重视需要同意的行为及可能产生的后果和风险，从而经过深思熟虑之后谨慎地做出决定；另一方面，书面形式的同意可成为有力的证据，如果在个人信息后续使用过程中产生法律纠纷，只要个人信息处理者无法提供经信息主体签字确认的同意书，即可认定其收集个人信息的行为是非法的。但现实生活复杂多变，有学者指出一概规定适用书面形式的同意规则往往刚性有余而弹性不足，难免有削足适履之嫌。[①] 收集、使用个人信息不应以书面形式作为固定限制，否则，会增加个人信息处理者的经营成本，而个人信息主体也会感到不胜其扰，从而人为地削弱了现代信息技术带来的天然便利。事实上，书面形式以外的同意常见于个人信息处理的各个场景。例如，在电话推销保险产品的场景下，若强行要求客户使用书面形式表示同意既会增加工作人员的成本，也会使客户感到不便，因此，以交易习惯或口头表示同意即可；随着互联网信息技术的迅猛发展，许多商业运营模式都从线下转移到线上，运用 QQ、微信等通信软件表示同意的形式已不鲜见；此外，用户在浏览网页时，对于跳出的是否允许使用 Cookie 或注册登录的对话框，都有“同意”和“不同意”的按钮，用户通过鼠标点击选择“同意”并不属于传统意义上的书面形式的同意。因此，各国（地区）现行的个人信息保护法都将同意的形式扩大至书面形式以外的同意行为，根据国内外个人信息保护立法例的规定，任何一项有效的同意在形式上应当符合表示行为的客观构成要件，表示行为包括声明或明确的肯定性行为两种。为保证同意的灵活适用，各国个人信息保护法或数据法大体上都未严格限制同意必须以“书面形式”，少数国家（地区）的数据保护法也在最新的修正案中放宽了这一限制。

---

① 杜换涛：《论个人信息的合法收集：〈民法总则〉第 111 条的规则展开》，《河北法学》2018 年第 10 期，第 40 页。

在欧盟个人数据保护的立法进程中，对于同意的界定一直存在诸多争议，[①]最后 *GDPR* 的规定沿袭《个人数据保护指令》，对于一般个人信息采用自由、具体、知情且明确（freely given, specific, informed and unambiguous）的同意。对于明示同意的要求，欧盟数据保护工作小组指出："在出现严重的数据保护风险的情况下，需要明示的同意（explicit consent）。"[②]*GDPR* 第 9 条针对"严重的数据保护风险"具体规定了处理特殊类型数据的要求；[③]第 49 条规定了在缺乏充分保护情况下向第三国或者国际组织转移数据的要求；[④]第 22 条规定了自动化个人信息自决中的识别分析要求。[⑤] 关于同意做出的方式，欧盟 *GDPR* 提出数据主体需做出明确的肯定性行为，这意味着同意需要通过积极的动作或声明来表示，这种行为必须是显而易见的。"明确的肯定性行为"意味着数据主体必须经过深思熟虑后才可以做出同意他人进行数据处理的行为。[⑥]

对于肯定性行为的具体形式，我国《个人信息安全规范》列举了常见的几种行为：主动勾选、点击"同意""注册""发送""拨打"等。同意的形式可

---

① Phil Lee. The Ambiguity of Unambiguous Consent Under the GDPR, https://www.fieldfisher.com/en/services/privacy-security-and-information/privacy-security-and-information-law-blog/the-ambiguity-of-unambiguous-consent-under-the-gdpr.

② Article 29 Data Protection Working Party, Guidelines on Consent Under Regulation 2016/679, WP 259, p. 18.

③ *GDPR* 第 9 条："1. 禁止在个人数据处理中泄露种族或民族起源、政治观点、宗教信仰、哲学信仰、工会成员资格等个人信息，禁止以识别自然人身份为目的对个人基因数据、生物特征数据的处理，禁止对健康数据、性生活、性取向等相关数据进行处理。2. 上述第 1 款的规定不适用于以下情况：(a) 数据主体明确同意数据控制者出于一个或多个特定目的对其个人数据进行处理，但按照欧盟或成员国法律的规定第 1 款的禁止性规定可能不取决于数据主体同意的除外"。*GDPR* 中文译本，参见高富平：《个人数据保护和利用国际规则：源流与趋势》，法律出版社 2016 年版，第 218—289 页。

④ *GDPR* 第 49 条："1. 在缺乏本条例第 45 条第 3 款规定的充分保护标准或者缺乏本条例第 46 条规定的适当保护措施，包括公司约束规则在内时，将个人数据转移到第三国或国际组织应当满足以下条件之一：(a) 数据主体在被告知这种转移行为由于缺乏充分的保护标准和适当的保护措施可能会对其带来的风险后仍明确同意转移的"。

⑤ *GDPR* 第 22 条："1. 数据主体有权不受仅基于自动化处理行为得出决定的制约，以避免对个人产生法律影响或与之相类似显著影响，该自动化处理包括识别分析。2. 第 1 款的规定不适用以下决定：(a) 为缔结、履行以数据主体和数据控制者为当事人的合同所必要；(b) 是数据控制者遵守的欧盟或成员国法律授权的，并且还规定了适当的措施以保障数据主体的权利、自由和合法利益；(c) 基于数据主体明确同意。"

⑥ Commission Staff Working Paper, Impact Assessment, Annex 2, pp. 20, 105 - 106.

以是书面、口头形式，或者电子手段。GDPR 对涉及种族、政治观点、宗教或其他信仰、健康等特殊类型数据处理的同意为明示同意，对其他一般数据的处理则不以明示同意为限，此外，“明确的肯定性行为”这一表述意味着信息主体做出的行为在某些条件下亦可构成有效的同意。只要同意的清晰度足以表示信息主体的真实意愿，即满足自由要件、具体要件、明确要件、知情要件的要求。

二、默示同意

在意思表示理论中，默示同意通常指作为的默示，即通过一定作为行为推断出的意思表示，例如消费者将其发生故障的汽车开到维修厂后，因为无法在场等待而留下电话，以便修理完毕时可以接到通知。在此情形下，消费者自始至终并未有任何明确的行为或者签署声明同意对其个人信息的处理，但是联系日常行为习惯来看，可以认为当事人以明确的、积极行为表达了同意对其个人信息的收集、使用，其同意是明确的(unambiguous)，但不是明示同意(explicit consent)，而是从行为推断出的默示同意(implied consent)。[①]

首先，作为同意的形式要件之一，默示同意有其适用的必要性。随着信息技术的高速发展，数据体量急剧增加，对数据收集、储存和管理功能的要求开始提高，而数据的类目多样，数据收集时满足的条件和可能面临的风险不尽相同。每次收集个人信息时都执行“明示同意”的形式要求不仅效率低下、成本偏高，而且也不现实。因此，民法中的“默示同意”为信息收集者获得信息主体同意提供了新的思路。[②]

其次，默示同意也有其适用的可能性。默示同意是指以默示的方式做出的同意他人为一定行为的意思表示。默示同意适用于通过民事法律行为成立且不排除以默示方式进行意思表示的民事法律关系中。由于个人信息保

---

① Phil Lee. The Ambiguity of Unambiguous Consent Under the GDPR, https://www.fieldfisher.com/en/services/privacy-security-and-information/privacy-security-and-information-law-blog/the-ambiguity-of-unambiguous-consent-under-the-gdpr.

② 王玉林：《“默示同意”在数据收集中的适用问题研究》，《情报资料工作》2017 年第 2 期。

护中的同意行为性质是准法律行为，在形式要件上可以类推适用法律行为的相关规定，即平等主体间的个人信息收集和使用行为同样可以以默示形式做出。个人信息收集、使用中的默示同意是基于个人信息主体的行为推断出其允许他人收集、使用自己的个人信息，例如就医过程中向医生出示自己的病历本、在网页上注册账号时填写自己的个人基本信息均可视为默示同意，除非主体明确表示反对他人处理自己的个人信息。欧盟的数据保护立法发展体现了立法对于同意形式的改良，欧盟《数据保护指令》中关于同意形式提出了“明示”的要求，[①]但在2016年*GDPR*删除了一般个人数据需明示同意的规定，并增加了“同意的条件”作为条例的第7条，由此放宽了对同意形式要件的限制，为适用默示同意提供了可能。在我国个人信息保护规定中，均有非经个人同意不得收集和使用个人信息的内容，但对于同意作出的形式并无统一规定，对于明示同意的存在并不存疑，无论是书面形式还是口头形式，信息主体都需通过积极的意思表示向相对人准确无误地传达允许其收集、使用个人信息的信号。相对来说，默示同意不被人们接受是因为其推断的标准难以确定。

随着网络技术的发展，默示同意已经成为许多网络运营者采用的形式，例如Google等搜索引擎在搜索、索引、缓存网站时适用的就是“默示许可”方式，因此，默示同意可以适用于个人信息的收集和使用场景。[②] 在我国的司法实践中，同样认可了默示同意的合法性地位，将其作为排除侵权的理由之一。[③] 默示同意具体应用于网络服务提供商、应用软件等设置的隐私条款和服务协议中时，告知的提示性设置相对隐蔽，用户往往未能及时发现选择退出的选项而导致“被默认同意”，[④]或是个人信息处理者超出业务服务

① Directive 95/46/EC, Article 7(a).

② 吕炳斌：《网络时代的版权默示许可制度：两起Google案的分析》，《电子知识产权》2009年第7期，第73页。

③ 参见“北京百度网讯科技公司与朱烨隐私权纠纷案”，江苏省南京市中级人民法院(2014)宁民终字第5028号民事判决。

④ “默示同意”不同于实践中网站、App等采用的“默认勾选同意”设置。App违法违规收集使用个人信息专项治理工作组发表的题为《对〈App违法违规收集使用个人信息行为认定方法〉的分析》一文，明确列举了典型的“未经用户同意收集使用个人信息”的行为，其中包括“采用默认勾选同意隐私政策等非明示方式使用户略过隐私政策，注册或登录的选项与同意隐私政策的因果逻辑关系不清楚，使用户易略过隐私政策”。参见《对〈App违法违规收集使用个人信息行为认定方法〉的分析》，《中国市场监管报》2020年1月7日，第7版。

目的和范围，"一揽子"取得对用户个人数据收集利用同意，目前已成为普遍现象。"明示"与"默示"同意规则的区分正在模糊化。[①] 因此，默示同意不同于明示同意，从其需满足的一般条件来看，至少应包括三点：① 个人信息处理者应履行与需要做出明示同意相同的告知、说明义务，确保信息主体知道他们的信息将被收集、利用的具体情形，以及有选择退出的权利；② 允许信息主体有充分的时间和机会做出符合真实意思表示的选择，尤其是不同意的决定；③ 通过推断做出同意的行为应当符合交易习惯和社会普遍标准。

值得强调的是，默示同意不等于沉默，二者是完全不同的两个法律概念。默示同意虽然是默示形式，但仍要有一定的行为；而沉默完全是一种不作为的状态，除非法律有明确规定，否则，沉默不能作为意思表示的方法。我国《民法典》规定，行为人可以明示或者默示做出意思表示，但并无沉默作为意思表示的表现形式的规定，沉默只有在有法律规定、当事人约定或者符合当事人之间的交易习惯时，才可以视为意思表示。因此，不作为的沉默既缺少言语表示，又缺少行动表示，本质上是一种消极行为，只有在法律有特别规定或者当事人有特别约定时，或者依照当事人之间的交易习惯才可以用作意思表示的形式。同样地，在个人信息保护领域，个人信息主体对信息处理者的告知表现为沉默的状态，证明无法确切得知其是否同意，因此一般不视为行为人意愿的表达，不能作为有效的同意形式。欧盟数据保护工作组指出，取得数据主体的同意须采用无争议的机制，因此，陈述和作为可以构成有效的同意，单纯的沉默不作为，例如数据主体注册社交网站，系统默认设置其所有个人信息均可对所有朋友查看，则不符合有效的同意要求。[②]

此外，从欧洲的个人信息保护法规定内容来看，法律承认的同意形式仅有明示和默示两种。反观我国《公共及商用服务信息系统个人信息保护指南》和《个信息安全规范》的规定却含糊不明，既规定了明示同意、默许同意，又提及授权同意，不仅会造成学界的争论和误解，而且在实践中也会产生适

---

① 王融：《数据保护三大实务问题与合规建议》，《中国信息安全》2016 年第 5 期，第 102 页。

② Article 29 Data Protection Working Party, Opinion on Consent, 14 July, 2011.

用性难题。《公共及商用服务信息系统个人信息保护指南》关于“默许同意”的说法应当理解为“默示同意”，只是语义表达上需要进一步规范；《个人信息安全规范》同时规定了收集一般个人信息时的授权同意和收集敏感个人信息时的明示同意。统观《个人信息安全规范》全文，其规定收集敏感信息需要主体的明示同意不难理解，因敏感信息一旦泄露、非法提供或滥用可能危害人身和财产安全，极易导致个人名誉、身心健康受到损害或歧视性待遇等后果，因此，需要将其形式严格限定在明示方式，有利于对敏感信息提供更有力的保护。至于授权同意这一形式，从民法上对意思表示形式的规定看，其不属于同意的有效形式之一，但作为收集除敏感信息之外的一般个人信息的形式，应将其理解为既包含明示同意，又包括默示同意的一种笼统说法。可见，规范制定者通过区分不同类型个人信息的同意规则，根据不同敏感级别的个人信息实施不同形式的同意的意图。若为如此，应修改“授权同意”这一说法，使用“收集个人信息时的同意”概括收集一般个人信息时的明示同意和默示同意规则即可。这样从语义上更为准确、严谨，不易引起歧义。

小　　结

各国(地区)个人信息保护制度的通行做法是对同意的有效形式依据特定标准进行细分处理(多为对个人信息进行类型化)，即采取“特殊类型个人信息明示同意＋一般类型个人信息明示(默示同意)”的规范模式。有学者评价对同意有效形式进行等级区，分对主体的权利保护具有重要意义：一方面，表明对于信息主体享有的个人信息自决权的极大尊重；另一方面，也体现了个人信息自决权是个人信息法律保护意义上的同意的基础权利来源。[①] 由此可见，个人信息保护中的同意规则的构建均围绕个人信息主体权利的保护与实现进行制度架构，对个人信息进行类型化分级区分保护，体

① 王雪乔：《论欧盟 GDPR 中个人数据保护与“同意”细分》，《政法论丛》2019 年第 4 期，第 138 页。

现了不同个人信息蕴含的利益和信息自决事务与个人信息主体的依附程度不同，与个人信息主体依附程度较高的一类个人信息需要法律给予更高层次的保护，因此，适用的同意形式要件更加严格，而法律只需为与个人信息主体依附程度较低的个人信息提供一般层次的保护即可，因而同意的形式要件要求可适当放宽，以全面确保同意制度的可操作性。

第五章

我国个人信息保护法同意规则的检视

正义多元理论(pluralist theory of justice)强调正义的分配应当按照不同标准,将资源在不同社会领域中进行分配。[1] 将这一结论运用于个人信息保护领域同意规则的规范构造中,要求不能针对所有的个人信息处理行为僵化适用同一标准和规则,或是简单采用“一刀切”的分类标准建立“全有或全无”的同意规则。个人信息的利用早已深入社会生活的方方面面,将信息资源强制依据法律规定的单一标准分配到各个社会领域,会造成个人信息保护和利用的非正义。因此,本章作为全书的落脚点和回归点,主要围绕同意规则的法律效果探索其在制度规范上的架构问题:第一,区分同意规则的适用场景,这一架构的设计主要依赖著名的“场景理论”,在全面深刻理解该理论的基础上细分场景的评判标准。第二,限缩同意规则的适用范围,通过对同意规范的梳理和归纳可知,立法对同意这一合法性基础始终保持严格的高要求,主要体现在对其实质要件的绝对把控和形式要件的具体要求上,因此,任何对于同意规则适用范围扩大化的制度设计都是与其初衷相违背的。如何建立实质的同意规则需要正确处理同意与其他合法性基础的关系,在个案中应进行利益衡量。第三,引入同意的撤回规则和“选择退出”机制,从同意的反面入手,确保同意规则的规范具有全面可操作性。这三项基本路径相辅相成,共同构成了我国个人信息保护语境下同意规则的规范进路。

---

① Michael Walzer. *Spheres of Justice: A Defense of Pluralism and Equality*. Basic Books, 1983, pp. 17, 320.

第一节 区分同意规则的适用场景——具象的“同意”

一、同意规则的区分适用依据：场景理论

（一）场景理论的标准引入

海伦·尼森鲍姆（Helen Nissenbaum）教授提出的“场景完整性理论”（contextual integrity）（简称场景理论）为隐私保护和个人信息的利用提供了理论依据。场景理论主要是指个人信息的后续传播利用应受最初信息收集时的场景限制，并且当个人信息的使用目的发生变化时，场景也随之改变。这一理论的核心思想是：在不同的场景（contexts）或者领域（spheres）中，个人信息主体对于与其有关的个人信息应当持不同的期待。个人信息保护的边界并非僵化不变，而是依据个人信息处理的不同场景或者领域存在不同的影响个人信息保护效果的因素，因此，应当针对具体情况设定不同的动态保护和利用规则。在个人信息处理的过程中，收集、分析、传输个人信息的主体及其各方之间的关系，个人信息的性质以及其他社会情况等因素都可能影响个人信息保护规范内容的确定。

（二）场景理论的规范构成

海伦·尼森鲍姆教授在场景理论中创立了两类规范：一是适当性规范（norms of appropriateness）；二是分配性规范（norms of distribution）。

首先，信息处理的场景应符合适当性规范要求，即何种信息在何种场合是可以被合理披露的。人与人之间的社会关系性质可以划分为雇主与雇员、医生与病人等，“与不同的人维持不同的关系是非常重要的”，[1]不同的社会关

---

① Ferdinand David Schoeman. *Philosophical Dimensions of Privacy: An Anthology*. Cambridge University Press, 1984, p. 265.

系决定了人们披露信息的场景不同,因此,人们分享利用个人信息的方式也应有所不同。在不同的场景下,个人信息的利用应当以个人信息流转过程中所涉主体之间的社会关系为基础,主体之间不同的社会关系又要求采用不同的行为方式,并且应当相互知悉信息的具体情况,[①]以确保在不同的场景下或不同的社会关系中维持自身不同的社会形象。适当性规范明确了在特定场景中什么样的信息是被允许的、被期待的或是被要求披露的。在医疗场景下,患者会向医生分享与其健康状况相关的信息;在与银行和债权人谈话的场景下,人们更倾向于披露的是个人财务状况信息;在求职应聘场景下,我们多与用工单位的负责人谈及与工作相关的目标、经历等信息;而在与朋友聊天的场景下,我们则会讲一些自己和他人的生活琐事;等等,以上的特定场景下的信息披露行为被认为是符合适当性规范的,而超出列举的信息类型与内容以外的披露行为可能被认为违反适当性规则。

其次,在对具体的个人信息进行利用时应遵守分配性规范。在场景理论下,不同场景的信息披露应遵循不同的分配性规范。海伦·尼森鲍姆教授分别用日常交往与医疗领域两个典型场景,描述了信息的分配性规范的具体表现形式。在日常朋友交往的场景中,朋友之间可以分享与日常活动有关的信息,或其喜好与厌恶、性格、情绪、人际关系等信息,通过自由衡量原则选择告诉对方与自己相关或者与第三方相关的信息。一般而言,朋友之间会相互期待他们向对方分享的信息被保密,不会任意地被分享给其他人,因此,保密原则也是分配性规范的具体形式之一。尽管轻微背离保密原则是允许的,但不得通过哄骗等形式获得朋友的信息或恶意分享给他人,这时严重偏离保密原则便违背了分配性规范。由此可见,在日常交往场景下,分配性规范体现为自由选择、自由裁量和保密义务规则,而在医疗场景下,分配性规范则倾向于患者的强制、单向披露规则和医生的保密义务。

场景理论涵盖的适当性规范和分配性规范相辅相成,二者缺一不可,共同构成场景理论的完整性规范内容。当两类规范同时被满足时,场景完整

---

① James Rachels. Why Privacy is Important. *Philosophy & Public Affairs*, Vol. 4, No. 4, 1975, pp. 323-333.

性得以保持;违反任一类规范,都会导致场景完整性被打破,极易产生侵犯隐私的风险。分配性规范意味着个人对信息保护的期待应当受到正当保护,如果个人信息的处理行为不符合个人信息主体的期待,那么,可能导致侵犯个人信息的行为或者至少是侵犯隐私的风险。[①]

二、具体场景下的考量标准

场景理论试图构建一套适用于个人信息处理在不同具体情况中的行为规范,其既考虑具体场景和所涉个人信息类型的具体情况,又充分保护各方的主体利益,但场景理论的两类规范是基于抽象理论上的标准探讨,偏重强调具体问题需要考虑不同场景及相关目标,而目前个人信息保护实践领域的需求更多的是解决实际操作问题,例如如何判断场景的不同以及如何实现个人信息的分场景化保护等。[②] 因此,要构建个人信息保护与利用规范,就需要将该理论与我国的个人信息具体实践相结合,厘定司法裁判中必须考量的具体因素,并结合相关因素的量化程度适用相应的同意规则。

(一) 个人信息处理风险

个人信息处理的风险是首要考量因素。风险标准与当下理论与实践中将个人信息依据敏感程度划分为敏感个人信息和非敏感个人信息的标准不同。敏感性强调个人对信息具体处理行为及结果的主观心理,一项个人信息是否可由信息处理者自由加以利用如果单纯依靠信息主体的主观感知,则标准无疑是不固定的,且个体的差异性易造成标准的多元化,无法为具体裁判依据提供恒定标准。而风险是相对客观和固定的,如果个人信息处理规则设计得当,风险还可以被控制在相对合理的范围内。因此,个人信息保护和利用规范架构的设置应首先评估特定个人信息处理行为的风险。

---

① Helen Nissenbaum. Privacy as Contextual Integrity. *Washington Law Review*, Vol. 79, 2004, pp. 127-141, 138.

② 丁晓东:《个人信息私法保护的困境与出路》,《法学研究》2018 年第 6 期,第 194 页。

欧盟*GDPR*对风险评估工作中可能涉及的风险产生途径进行了概括，不失为我国立法构建中的参考。其认为个人信息处理中的风险源自可能给数据主体造成身体、物质或非物质层面损害的个人信息处理行为，以下列情况最为典型：① 个人信息的处理行为可能引起歧视、身份盗窃或诈骗、经济损失、名誉损害、受职业秘密保护的个人数据泄露、匿名化信息未经授权的泄露或其他造成信息主体严重的经济或社会损失；② 可能剥夺数据主体的权利或自由，阻止数据主体对其个人数据实施控制；③ 当个人数据处理披露了信息主体的种族、民族、政治观点、宗教信仰、工会成员身份，以及相关的基因数据、健康数据、性生活或犯罪状况、相关安全措施的数据时；④ 当评估个人方面时，尤其是分析或预测涉及工作表现、经济状况、健康、个人偏好或兴趣、可靠性或行为、地点定位或行为轨迹等，以创建或使用个人档案时；⑤ 当弱势群体（特别是儿童）的个人数据被处理时；⑥ 当处理行为涉及大量个人数据，并影响了数量众多的数据主体时。[①]

以上情况是依据个人信息处理的实践列举的典型隐私风险，法律在进行规范构造时不能仅凭特定类型的个人信息即定性处理的风险大小，还应结合具体场景具体分析，例如前文所述的健康信息，在诊疗活动的场景下，如果医生妥当地履行了保密义务，则对于患者来说提供与其健康状况有关的健康信息不仅不是高风险，而且是诊疗活动正常进行的必要条件，但是如果场景转换到其他个人信息处理者恶意披露与患者有关的重大疾病信息时，侵害其隐私风险无疑是较高的。在这一要求上，个人信息保护立法无法做到面面俱到，应在个案中遵循“个人信息处理与具体场景相结合”的保护原则，设置个人信息处理的各项合法性基础。对于作为阻却违法的事后救济手段的同意规则，仅应适用于具体场景下的特定类型个人信息处理可能产生相对高风险的情形。

---

① Regulation (EU) of The European Parliament and of The Council on the Protection of Individuals with Regard to The Processing of Personal Data and on the Free Movement of Such Data, recital (75).

(二) 个人信息主体的容忍义务

随着互联网和信息技术的发展,以个人信息为载体的数据加工分析行为越来越深入人们的生活,对数据的深度挖掘展现了其经济价值与社会价值。为了促进信息自由流通以更好地服务于社会大众,个人信息主体对其个人信息的控制程度应相对克减,对他人收集和使用本人个人信息的行为有容忍的义务。在现有的涉及个人信息保护的司法判决中,个人容忍义务大小的主要决定因素是个人信息的收集和使用目的,即信息收集和使用究竟是为了公共利益还是个人信息处理者的私人利益,抑或其他合法正当利益。[①] 相对于个体信息权利,优先保护正当利益源于对更高位阶法益价值的追求。[②] 如果个人信息应用于公共事务,例如社会安全、医疗健康和公共卫生、突发公共事件应对、新闻报道、科学研究、教育培训、产业发展等,从利益平衡的角度出发,当事人应当承担更高程度的容忍义务;[③]相反,如果是基于非公共利益而对个人信息进行的信息处理行为,个人信息主体就不需要承担过高的容忍义务。

(三) 个人对个人信息的控制程度

个人对信息的控制程度也是影响个案结果的一个重要因素,即个人对其个人信息的控制力。决定个人控制力的因素可分为两方面:一是经收集和使用的个人信息与个人信息主体的相关程度。一般认为,与个人身份相关的信息相较于个人行为偏好相关的信息与主体的相关程度更高,因此,个人应对身份信息享有更强的控制力;而对涉及多人或者具有某种共同特征的群体信息而言,由于个体的控制力较弱,故容易被他人收集和使用个人信

---

① 谢远扬:《〈民法典人格权编(草案)〉中"个人信息自决"的规范建构及其反思》,《现代法学》2019 年第 6 期,第 145 页。

② 商希雪:《超越私权属性的个人信息共享:基于〈欧盟一般数据保护条例〉正当利益条款的分析》,《法商研究》2020 年第 2 期,第 58 页。

③ 江苏省南京市江宁区(县)人民法院在(2015)江宁少民初字第 7 号民事判决书中认为,被告为了社会公共利益在互联网上公开了原告照片,不构成侵权;北京市第三中级人民法院在(2016)京 03 民终 9992 号民事判决书中认为,为了公共安全而收集信息不构成侵权。

息。二是信息的内容是否经过二次加工甚至多次处理，以及在加工过程中信息处理者所付出的成本情况。如果信息处理者在处理信息过程中投入了大量的时间和技术成本，则从促进信息产业发展的角度看，信息处理者所获得的合理收益应当受到保护。[①] 企业投入相应的成本可能包括为收集、分析、存储大量数据搭建模型或者提供数据存储平台，以使用复杂算法进行分析、加工，即使经其处理后产出的个人信息也会在一定程度上削弱个人信息主体的控制力。[②]

在场景理论下，坚持“个人信息处理与具体场景相结合”的保护原则，个人信息处理风险、个人信息主体的容忍义务、个人对个人信息的控制程度三项要素是司法裁判中需要考量的，单独认定一项要素并不能直接判断个人信息处理行为的法律效果，而是需要这三项要素相互作用、共同影响整体个人信息处理的规范架构，进而在个案中判断个人信息受保护程度的高低。

第二节　限缩同意规则的适用范围——实质的“同意”

从社会个体的价值规范来看，在任何情况下，社会个体都会为追求自身利益和更高价值而行动，无论其行为是否可能影响其他人的社会活动或是否合乎他人的行为准则。从社会整体的价值规范来看，任何一种社会规范都是价值准则，因其作为一种规范必然对个体提出做出某种行为或者禁止个体做出某种行为的要求。法律作为调整社会生活的规范体系，本身是一种实现既定价值利益的手段；而法律的目的正是要在个人原则与社会原则

① 龙卫球：《再论企业数据保护的财产权化路径》，《东方法学》2018 年第 3 期，第 50 页。

② 参见广东省深圳市中级人民法院在（2017）粤 03 民初 822 号民事判决书中认为，被告不当获取原告花费大量人力、时间和经济成本获得的信息构成侵权；杭州铁路运输法院在（2017）浙 8601 民初 4034 号民事判决书中认为，大数据产品不同于原始网络数据，其提供的数据内容虽然源于网络用户信息，但网络经营者投入了大量的智力劳动成果，并经过深度开发与系统整合，最终呈现给消费者的数据内容已经独立于网络用户信息，即在原始网络数据之外，这是与原始数据无直接对应关系的衍生数据，因此，运营者享有独立的财产性权利。

之间形成一种平衡。[①] 因此,任何对同意效果的法律调整行为都是根据同意主体及相对人的行为与结果,对个体和社会的影响进行的一种价值选择活动。由此可以得出,价值分析对于研究同意法律效果具有重要作用,而利益衡量可以作为判断权利主体行为法律效果依据的重要理论基础。

一、个人信息处理中的利益类型

个人信息收集、使用行为的合法性认定本质上就是要确定信息处理者收集、使用个人信息的行为标准是否符合法律要求,而这一行为标准的认定应当妥善平衡个人信息权利保护与个人信息利用之间的关系。[②] 在个人信息保护领域,个人信息主体享有的按照自己意愿使用个人信息的自由与社会普遍行为规范倡导的信息自由流通目标存在一定的冲突。这一冲突涉及多方利益,若以利益主体的特殊性为主要标准对利益格局进行梳理,可以将个人信息之上承载的利益分为三类:个体利益、群体利益、公共利益。

(一) 个体利益

个体利益又称为个人利益、私人利益、当事人之间的具体利益,[③]在实践中常体现为个人信息主体与其他个人信息处理者、信息处理者利益之间的冲突。个人信息主体享有的权利和自由包括:将其个人信息投入信息流通领域的自由,以及不投入的自由;选择将其个人信息投入何种个人信息处理者的自由;选择采用何种方式处理个人信息的自由;选择将其个人信息投入何种使用目的的自由;将其个人信息按照一定价格许可个人信息处理者使用的自由,以及免费提供其个人信息供个人信息处理者使用的自由;等等。而个人信息处理者在推进个人信息自由流通的宏观目标的指引下,同

---

① [美] E. 博登海默:《法理学:法律哲学与法律方法》,邓正来译,中国政法大学出版社 2004 年版,第 109 页。

② Wade, Ariel E. A New Age of Privacy Protection: A Proposal for an International Personal Data Privacy Treaty. *George Washington International Law Review*, Vol. 42, 2010, pp. 659 - 686.

③ 梁上上:《利益的层次结构与利益衡量的展开:兼评加藤一郎的利益衡量论》,《法学研究》2002 年第 1 期,第 56 页。

样拥有将个人信息作为一种社会资源，并按照"成本—收益"的效益原则追逐利益最大化的自由和权利。一旦二者的自由发生冲突，则需要对利益进行衡量，以实现双方主体的个体利益的平衡保护。此外，在个人信息利用场景中考量个人信息保护的问题时，传统隐私权保护中的利益冲突仍然存在，个人的隐私利益依然是个人信息保护利益衡量的关键内容。在信息化背景下，个人信息处理者和政府作为新的利益主体可能在利用个人信息时侵犯信息主体的隐私权，个体的隐私保护需求构成了个人信息处理者和政府利用个人信息的内在限度。①

（二）群体利益

除个体利益外，社会生活中还存在一定数量的群体，他们有共同的生活环境、相似的社会背景、趋同的利益需求，在长期的生活中他们之间逐渐产生紧密的联结关系，基于他们享有的共同利益产生了群体利益。从宏观角度看，群体利益是实现从个体利益保护到维护公共利益的桥梁，它在一定程度上能把个体利益适当放大。在个人信息处理过程中，群体利益表现为两个对应群体，即个人信息主体的群体利益和个人信息处理者的群体利益。虽然在一个群体中每个独立个体利益的具体表现可能不相同，但是在大量相同或类似的信息处理行为涉及其个体利益时，会表现为多数个体利益的高度一致。从个人信息主体角度看，这是对于希望建立一个旨在全方位保护他们人格利益的个人信息处理规则体系，以满足他们对精神利益和财产利益的利益期待，这种利益期待体现为一种期待可能。虽然自己当下没有遇到具体的损害事实(例如个人信息的不当使用或泄露的后果)，但仍然对于其他主体在遇到此类问题时会得到合理保护存有期待，以便当自己将来遇到同样或类似问题时，也享有个人信息受到同等保护的合理期待。一般而言，个人信息处理者在个人信息流转使用过程中处于优势地位，掌握更多的社会资源。整个群体生存和发展的基础集中表现为实现个人信息共享利

① 张新宝：《从隐私到个人信息：利益再衡量的理论与制度安排》，《中国法学》2015 年第 3 期，第 49 页。

用、自由流通的诉求。一旦个人信息分享或者自由流通的环境出现障碍，或其个人信息利用受到禁止，则个人信息应用行业将不复存在。因此，个人信息处理者的群体利益一方面体现在作为商业主体希望更多地获取个人信息以获得经济利益；另一方面，其也希望按照整个信息行业群体的发展需求，搭建一个更加高效、便捷、自由且低风险的信息流通平台。

（三）公共利益

从主体上看，公共利益是社会整体的利益而不是局部个体的利益；从内容上看，代表普通群体的利益而不是特殊个体的利益；从性质上看，是抽象的利益而不是具体的利益。[①] 个人信息领域的公共利益体现为数据作为新信息技术时代最重要的社会资源，被广泛应用于社会生活、生产领域，用于社会治理、公共危险防范，其价值已渗透教育、科研、工业、安防、营销、医疗、金融等领域，在整合生产要素、促进经济转型、催生发展新业态、支撑决策研究等方面的作用愈发明显，为社会的发展提供了强大的助推力。[②] 在个人信息实践领域，由于个人信息承载的基本权利要求实现对个人信息利用的全面保护；与此同时，个人信息又是一种社会生产要素，这对促进其合理流通提出了内发性要求，个人信息主体利益与公共利益之间不可避免地存在一定的紧张关系。当代法律理论争议的焦点多集中于“公共利益优先”与“个人权利优先”两者的保护顺位问题。[③] 这体现了代表社会全体的公共利益与代表社会个体的个人利益之间的利益冲突和制衡关系。

二、利益衡量原则下的冲突解决路径

利益衡量是法律规范确立的合理性标准，是指在互相冲突的权利和利

① 杨炼：《立法过程中的利益衡量》，法律出版社 2010 年版，第 72 页。

② 《中国互联网络发展状况统计报告》，http://117.143.109.153/cache/www.cnnic.net.cn/hlwfzyj/hlwxzbg/hlwtjbg/202004/P020200428596599037028.pdf?ich_args2=137-20143509001967_bf08a568855deede049aa5f518c4e4d7_10001002_9c896c25dec6f7d49638518939a83798_29b3b2fcf41a3bb935441f2015d736cb，最后访问日期：2020 年 4 月 28 日。

③ 梅夏英：《财产权构造的基础分析》，人民法院出版社 2002 年版，第 64 页。

益之间调和，以达到双方或多方利益的平衡状态，从而实现社会的公平正义，而“平衡个人利益与社会利益，实现利己主义和利他主义的结合，从而建立个人与社会的和谐关系”是立法的基本目的。[①] 利益衡量是一个价值判断的过程，现实中存在双方主体的合法利益互相冲突的情况，在利益衡量的理论内涵下，应确定其中一方主体的合法利益优先于另外一方主体的合法利益，或者存在冲突双方的利益应当服从于社会整体利益的情况，利益衡量的标准如何确定对各类利益的实现具有关键性意义。对个人信息涉及的多方利益进行衡量的标准应当坚持主客观相结合的原则，既要运用价值判断为主的利益衡量方法，又要融入客观考量因素。

（一）明确利益位阶标准

利益衡量既包括立法活动中的利益衡量，也包括司法活动中的利益衡量。在立法阶段，确定利益位阶的标准需要主观价值判断结合客观事实基础统一进行；而在司法阶段，确定利益位阶的标准虽然仍然需要运用主观价值判断方法，同时也要结合个案情况确立统一的相关利益标准顺序。在每起案件的审理过程中，法官需要层层深入，有条理、分步骤地分析案件中所涉各方主体代表的不同利益，经过综合性的全面利益衡量，最终得出合适的裁判结果。[②] 而在司法实践中，围绕案件争议问题展开的利益关系是纷繁复杂的，尤其是重大疑难案件往往会涉及多层次的利益冲突。虽然从表面上看，涉案利益常存在于不同的利益关系主体之间，并且表现为不同的利益关系形式，但从本质上分析可知，涉案利益的基本类型是确定的。仅就个体利益来说，其主要表现为各种权利形态，例如生命、健康、人身自由、财产等具体利益（权利），而且这些具体利益之间并非绝对平等关系。从各利益对于人的生存和发展影响权重来分析，首先，人身利益优先于财产利益。人是一切社会活动的出发点和归宿，人身利益较之财产利益与人的关系更加密切，有些利益如生命健康是人体实现生存和社会生活的前提，因此应该优先

① 张文显：《二十世纪西方法哲学思潮研究》，法律出版社 1996 年版，第 129 页。
② 梁上上：《利益的层次结构与利益衡量的展开》，《法学研究》2002 年第 1 期。

于一切财产利益进行保护。其次，不同类型的人身利益之间也应区分序位，其区分标准是利益与人的关联紧密程度，即人格利益优先于身份利益、物质性的人格利益优先于精神性的人格利益。再次，当个体利益、群体利益与公共利益发生矛盾时，个体利益和群体利益必须做出牺牲，服从公共利益；当个体利益与群体利益存在冲突时，个体利益也要让步群体利益。最后，在具体的利益冲突解决场合，也要依据所涉利益保护的紧迫性和必要性对上述利益位阶做出恰当调整，不可机械运用。

（二）合理适用个人信息处理的规范依据

国内外个人信息保护法律体系对个人信息处理的规范依据均有规定，例如欧盟 *GDPR* 列举的六项个人信息处理的合法性基础，以及我国以“同意为原则＋例外事项”的个人信息处理原则规定。无论法律范式有何差异，究其根本都是个人信息处理过程中涉及各方利益的衡量。这些规范依据概括起来有如下几项：“个人信息主体的同意”“合同当事人履行合同的需要”“个人信息处理者履行法定义务的要求”“保护信息主体或他人的重大利益”“涉及公共利益的行为”“保护个人信息处理者或他人的合法利益”等。为了更加清晰地了解并运用以上六项规范依据，可以将其依据个体利益、群体利益、公共利益的位阶标准进行分类整合，即“个人信息主体的同意”属于个体利益的位阶标准；“涉及公共利益的行为”；划入公共利益的位阶标准；而其他四项“合同当事人履行合同的需要”“个人信息处理者履行法定义务的要求”“保护信息主体或他人的重大利益”“保护个人信息处理者或他人的合法利益”，由于既可能涉及相应的个体利益，也有可能代表该类群体的共同利益，因此可以灵活处理。对于这些个人信息处理的规范依据进行利益类型化之后，可以决定在既定的个人信息处理场景之下应当首先适用何种合理性基础，从而排除其他合法性基础的适用，这不仅对个人信息上的利益保护具有重要意义，而且可以更加直观地确定个人信息主体同意的法律地位及法律效果。在大多数情况下，每一个人信息处理的行为只涉及一类利益或是一种规范依据，但不排除多种合法性基础发生竞合的情况，实践中出现频率最高的是基于“个人信息主体同意”和“履行合同所必需”两项事由，因网络信息时代个人信息处理是个人信息处理者获取甚至应用信息提供服务的手段和前提，即个人提供自己的信息以换取相应的商品或服务，故在这一交易过程中个人信息主体和个人信息处理者便成为合同的双方当事人。此时，对个人信息处理所依据的合法性基础进行判断显得尤为重要，这一判断的过程即为价值判断和利益衡量的践行过程。此时，若同意成为履行合同的必要前提条件，则为了保证合同的成立及切实履行，应推断为个人信息主体在为订立合同做出了同意的准备，而且“合同当事人履行合同的需要”这一合法性事由吸收并替代了“个人信息主体同意”的合法性事由，成为个人信息后续利用的法律依据。

三、个人信息处理合法性基础的适用范围

现有的个人信息保护立法应当寻找社会发展进程中的利益平衡点，以协调信息主体与信息处理者的利益冲突。因此，个人信息处理合法性基础的路径应转向为：在不侵犯个人信息权益的基础上，给予企业最大化的权限，实现数据增值，推动数据经济的发展，使两方利益在共存和相容的基础上达到最优状态。①

如何平衡同意与其他合法性基础的关系既是学者研究的重点，也是立法技术上的难题。在立法过程中，应全面贯彻利益衡量原则，综合考量个人隐私利益和社会公共利益、国家安全等要素，如果存在利益位阶高于个人私益的情况时，则应放弃同意规则，选取其他衡量个人信息处理行为合法性基础的要素。不仅同意不得成为个人信息处理的首要合法性基础，而且“同意是一般情形，不同意是例外”的立法逻辑也应摒弃。我国的个人信息保护法关于收集、使用个人信息的合法性基础条文可以参考比较法上的经验，对各项合法性基础应作详细的列举式规定，不宜过分强调同意的地位。同意规则的适用效果依赖于个人信息自决权的实现程度，引入其他合法性事由有

① 范小华、周琳：《基于利益平衡视角的个人信息法律保护探析》，《行政管理改革》2020年第3期，第78页。

利于实现信息流通价值与个人信息自决的平衡，拓展除同意以外的个人信息处理合法事由的适用空间，有利于促进信息的流通和创新利用，并可降低企业的合规成本，同时能够维护用户在具体场景中的合理隐私期待，促使信息在社会生活中产生最大化的价值效应。①

第三节 引入撤回同意规则和选择退出机制——全面的“同意”

同意规则对个人信息自决权的保障是双向的，不仅包括个人信息处理的进入机制，而且包括退出机制——撤回同意规则和选择退出规则。这两项制度体现了个人信息保护的同意规则对传统法律制度的突破，因“用户可以随时撤回自己的同意”，有学者将撤回同意规则称为“对传统同意方式的改良”。② 而对于选择退出规则，有论者对其法律价值评判为“对传统的授权同意模式形成补充和修正”。③ 无论是“改良”还是“补充和修正”，都表明现有同意规则存在不足之处，需要借助其他规则解释或完善同意规则的规范路径，从而构建全面的个人信息保护法上的同意规则。

一、撤回同意规则

（一）撤回同意规则的规范要求

个人信息主体可以撤回同意本质上与同意一样属于由个人信息主体行使的针对个人信息处理行为的自决权利，这里的撤回同意既可以在个人信息主体同意信息处理者收集个人信息行为发生之后做出，也可以在个人信息主

① Omer Tene, Jules Polonetsky, Big Data for All: Privacy and User Control in the Age of Analytics. *Northwestern Journal of Technology and Intellectual Property*, Vol. 11, 2013, pp. 240 - 272.

② 万方：《隐私政策中的告知同意原则及其异化》，《法律科学(西北政法大学学报)》2019 年第 2 期，第 65 页。

③ 冯恺：《个人信息“选择退出”机制的检视和反思》，《环球法律评论》2020 年第 4 期，第 151 页。

体做出了同意后但信息处理者尚未收集或使用个人信息行为时撤回同意。

撤回同意规则在欧盟 *GDPR* 中占有重要地位。在 *GDPR* 的规定下，告知个人信息主体享有撤回同意的权利是个人信息处理者必须遵守的一项义务，如果个人信息处理者没有履行告知义务，或者提供的撤回同意的方式不符合法定要求，则信息主体做出的同意不产生既定的法律效果。① 另外，撤回同意不具有溯及力，即如果个人信息主体决定撤回同意，所有基于同意并在撤回同意之前进行的信息处理操作依然是合法的；而在个人信息主体作出了撤回同意的意思表示之后，个人信息处理者必须停止相关处理，并且在无其他法定事由的情况下删除存储的全部个人信息。②

在我国现有的同意规范中，已有《个人信息保护法》《个人信息安全规范》作为指引。《个人信息保护法》将撤回同意权规定为个人信息主体的合法权利，因此，在个人信息保护基本法层面已经确立了撤回同意权的合法性地位。比照 *GDPR* 的规定，我国《个人信息保护法》第 17 条对撤回同意权的限制要求明显不足。*GDPR* 在赋予个人信息主体以撤回同意的自由时采取的表述为“撤回同意应当与做出同意一样容易”，这里既包括撤回同意应符合与同意相等的自由（实质要件），也包括撤回同意的方式应当与作出同意的方式等同（形式要件）；而我国《个人信息保护法》撤回同意的规定仅满足了自由的实质性要件，不足以涵盖撤回同意权的全部要求。此外，在《个人信息安全规范》中对于撤回同意也只停留在一般抽象规定层面。③

（二）撤回同意规则的现实路径

虽然目前我国互联网企业通常采用允许用户“一站式”撤回同意的方式，④

---

① *GDPR*, Article 7(3).

② WP29 Opinion No. 15/2011 on the definition of consent, from 13th July 2011. 01197/11/EN. WP187. p. 27.

③ 《个人信息安全规范》第 8.4 条规定：“对个人信息处理者的要求包括：(a) 应向个人信息主体提供撤回收集、使用期个人信息的授权同意的方法。撤回授权同意后，个人信息处理者后续不应再处理相应的个人信息”，同时还注明“撤回授权同意不影响撤回前基于授权同意的个人信息处理”。

④ 2017 年 9 月，10 家互联网企业联合签署了《个人信息保护倡议书》。微信、淘宝网、支付宝、滴滴出行、京东商城的网络服务提供者采用了更加便利的在线“一站式”撤回方式。用户既可以在线访问、更正、删除其个人信息，也可以在线注销账户。参见《个人信息保护倡议书签署仪式在北京举行》，http://www.cesi.cn/201709/2971.html，最后访问日期：2017 年 9 月 25 日。

但对于某些以收集个人信息(例如位置信息、购物偏好、支付信息等)提供服务的应用软件,其运行模式往往是拒绝用户撤回其同意,否则将会直接影响用户的后续服务的质量,甚至无法使用该服务,此时对于个人信息主体的撤回同意权的界定极为关键,个人信息主体更应当拥有是否允许他人收集和使用自己相关信息的自决权利,不得受到任何不合理的限制。

用户一旦行使撤回权,其与个人信息处理者基于使用商品或提供服务的合同履行势必会受到影响。在这一双务合同中,个人信息处理者提供产品或服务的行为可纳入服务合同的范畴进行调整。个人信息主体所履行的对待给付内容是主动、自愿向个人信息处理者提供其个人信息,并且同意对其个人信息的收集和使用。个人信息主体若行使撤回同意的权利,未必会影响该服务合同的正常履行,该同意(或撤回同意)与服务合同中就个人信息商业化利用所作出的同意承诺在逻辑上相互独立,因此,当本人撤回同意时,并不直接影响服务合同的效力,双方的合同关系亦不会因此而自动终止。此时,个人信息处理者有权与个人信息主体解除合同,并主张损害赔偿,尽管单个主体撤回同意后对个人信息处理者造成的可能损害程度极低。①

二、选择退出机制

(一) 选择退出与选择加入

个人信息主体的同意设计有两种模式:选择加入模式;选择退出模式。所谓选择加入(opt-in)模式指在个人信息处理者收集、使用个人信息之前,应由个人信息主体以积极的方式,例如通过签名或者主动勾选“同意”的方框,来表示对其个人信息处理的同意;而选择退出模式(opt-out)则是指个人信息处理者预先拟制个人信息主体的同意,如果主体明确表示反对,需要通过删除或者勾选“不同意”的方框等积极方式表示其不同意,因此,个人信息主体如果怠于行使退出的权利,将被推定为同意对于其个人信息的收集、

① 郑观:《个人信息对价化及其基本制度构建》,《中外法学》2019年第2期,第497页。

使用。[1] 本质上看，选择加入与选择退出是相对而生的两种不同处理机制。选择加入的内核基础是主体的同意，权利人基于自由意志做出同意的意思表示，个人信息处理者由此获得处理其个人信息的合法基础，该机制的执行基于“个人不希望参与个人信息处理活动”的假设，要求个人必须采取确定的行动表明参与其中的愿望；[2]而选择退出则基于一种“个人选择参与”的假设，不希望参与的个人必须以肯定的积极方式表明其希望被排除在外的态度，否则，就被视为希望参与其中。[3] 前者规定未经信息主体明确、积极的同意不得处理个人信息，有利于加强自然人对个人信息的实际控制；后者相反，信息主体未做出反对表示即推定为其同意对他个人信息的处理，从而为个人信息处理者收集和使用个人信息提供了便利条件，有利于促进个人信息的自由流动。

选择加入是大多数国家和地区个人信息保护法确定的同意模式，例如以强化个人对个人信息控制著称的欧盟 *GDPR* 及相关法律、德国《联邦数据保护法》、英国《数据保护法》等，我国的《网络安全法》《民法典》《个人信息保护法》也采取选择加入的方式，规定以积极的行为表明主体的同意方为有效。而选择退出模式则被美国和日本《个人信息保护法》所吸纳采用，这与其旨在促进信息自由流通，强化信息利用与经济价值实现的国家立法目的紧密相关。因此，无论选用何种同意的模式进行制度架构设计，都有其深刻的社会背景和根源。

（二）选择退出机制的正当性

选择退出模式的本质是受个人信息保护法规制的个人信息主体享有拒绝权。信息主体声明“选择退出”对其个人信息的处理，即得基于特定的拒

---

① 翁清坤：《告知后同意与消费者个人资料之保护》，《台北大学法学论丛》2013 年第 87 期，第 295—297 页。

② Joy Su. Google Book Search and Opt-Out Procedures. *J. Copyright Soc'y USA.*, Vol. 56, 2009, pp. 947, 955.

③ John S. Siemen. Using the Implied License to Inject Common Sense into Digital Copyright. *North Carolina Law Review*, Vol. 85, No. 3, 2007, pp. 885 - 930.

绝权对抗信息处理者，使自己从信息收集对象中被排除。[①] 赋予个人信息主体拒绝权具有制度合理性。

首先，从信息主体的角度看，选择退出模式虽然使其丧失了主动划“勾”的权利，但仍为其保留着说“不”的权利，信息主体拥有选择退出权；而选择加入模式，信息主体认为自己只要不做出明示同意，他人就无法收集和使用自己的信息，因此，对其个人信息的后续流向与使用情况往往疏于注意、怠于管理。然而，实践中大多数情况却是在个人进入网络服务环境之时，其数据就被收集使用，甚至向第三方转移和二次利用，这也是同意机制面临的严峻现实困境。在选择退出机制之下，信息主体在一开始就已注意到自己即使不做出同意的表示也会被视为同意，因此，会提高关注网络服务提供者发布的隐私政策及信息处理情况，同时高度警惕个人信息发生泄漏的风险，从而增强信息自我管理意识。此外，选择退出模式可以较好地避免同意麻木现象，因为如果大部分同意都不需要信息主体做出积极的反应，则信息主体会将更高的注意力放在与其个人利益更为攸关的明示同意程序中，反向迫使明示同意的效果得到强化，从而导致扭转因告知冗余复杂、同意麻木而造成的同意机制保护效果与个人隐私期望相背离等现象。

其次，对于个人信息处理者而言，选择退出模式赋予其更多的行为自由空间，收集、使用个人信息时可以不以向个人获得同意为前提，或者不需要进行行为和意图推测便可以取得更加宽泛的数据处理权限，从而节省了其为设计隐私政策明示同意程序的时间和经济成本，并推动个人信息快速进入分析应用领域，提高数据流通的效率和利用价值。然而，这一便利条件并不意味着其承担的责任变小了；相反，对数据泄露等风险评估与合规控制的责任落到了个人信息处理者的身上，结束了因明示同意而取得一劳永逸合法性同意的信息处理模式，敦促个人信息处理者必须持续尽到合法处理个

① 冯恺：《个人信息“选择退出”机制的检视和反思》，《环球法律评论》2020 年第 4 期，第 156 页。

人信息的注意义务与安全责任。[①]

综上,在坚持同意机制仍是个人信息保护的一般性规则的大前提下,通过立法建立选择退出规则保障个人信息主体享有对抗个人信息处理者的拒绝权,有益于实现个人信息自决权与增进数据开发利用双重目标的平衡。

小 结

我国个人信息保护法律规范体系应当将同意作为基础性规则,全面配置科学合理的同意制度。为实现这一目标,应当以法律基本原则和具体理论为指导,以比较法上的同意制度规范为参照,以我国个人信息保护实践为根本出发点,设立完善的同意规则规范路径。

首先,以法律基本原则和具体理论为指导,个人信息保护的规范构造需要综合利益衡量原则和场景理论,其中场景理论是明确个人信息处理行为性质的前提,利益衡量是贯穿整个规范构造和个案裁判的基本原则,两类方法相辅相成、缺一不可。个人信息的处理是否会给用户带来隐私风险,并非完全取决于其是否属于个人信息,而是在于其在具体场景中的收集和使用方式,以及是否符合用户在相应场景中的合理期待。[②]

其次,各项合法性基础的选择适用也需要进行利益衡量,对个人利益、群体利益、公共利益三者的利益衡量过程是为个人信息保护提供判定标准的过程,并可实现多方利益的动态平衡。将利益衡量原则和场景理论运用到个人信息保护领域,重新解构同意规则的规范模式,就是要彻底改变传统

---

① 对于选择加入模式属于明示同意形式的观点笔者并无疑义,然而选择退出模式是否全然属于默示同意,笔者认为应视个人信息应用的具体情况和场景而定。目前我国绝大多数的个人信息收集、使用场景下都是采取选择加入模式,而选择退出模式置入个人信息保护法的合理性颇受关注。有学者将其界定为“拟制同意”,认为“选择退出模式因不存在行为判断与意图推测,故准确地说应是一种沉默”,即不作为行为,笔者认为此观点失之偏颇,但其对于选择退出模式的优势分析值得借鉴。参见蔡星月:《数据主体的“弱同意”及其规范结构》,《比较法研究》2019 年第 4 期,第 81—83 页。

② 万方:《隐私政策中的告知同意原则及其异化》,《法律科学(西北政法大学学报)》2019 年第 2 期,第 64 页。

架构中用户明示或默示同意一味前置的信息处理方式，转而根据个案中不同的个人信息处理场景和类型，合理地评估该场景下个人信息处理行为的风险程度是否处在信息主体可接受的范围内，以确保个人信息保护的程度与所处场景相适应。

最后，以比较法上同意制度的规范范式为参照，适当引入撤回同意权和拒绝权的规定，有助于发挥同意的实质法律效果，撤回同意权和拒绝权充分保障了个人信息主体表达个人意愿的自由，是对个人信息自决权的完整诠释。

结语

当今社会正在向着一个全新的阶段发展，而数据便是这一崭新社会阶段的重要生产要素，新的社会迫切需要规范数据的生产、使用和处理。[①] 数据的价值优势已为人们发现并发掘，但如何判断生产、使用和处理数据过程中行为的合法性和合理性又是亟待解决的前提。数据利用秩序的构建不仅是法律问题，而且是道德问题。而在以与个人有关的数据，即个人信息的收集和使用中存在的问题更为关键。因此，需要明确个人信息收集和使用的合法性标准是构建数据利用秩序的逻辑起点。

这一点在同意规则的问题上体现得尤为明显。作为个人信息收集和使用的“王牌”规则，同意自从被引入个人信息领域起便备受理论界和实务界的重视。从立法层面看，同意规则自始被奉为各国个人信息保护立法的基本规则，仅在我国，《民法典》《个人信息保护法》涉及同意规则的条文之多、内容之详细便足以证明其地位的重要性。《民法典》作为社会生活的百科全书，规定了公民基本的民事权益，不仅在“总则编”将数据作为民法保护的客体，而且在“人格权编”设专章建立“个人信息保护”的民法规范制度，包括个人信息的基本概念和基本类型以及处理个人信息的基本原则和条件，其第1035条把“征得自然人或其监护人的同意”作为个人信息处理的基本条件之一。[②] 另外，2021年8月，《个人信息保护法》以个人信息保护专门法的形式提出，丰富并完善了我国个人信息保护的法律规范，从行为规范角度规定了个人信息处理的基本规则以及个人信息跨境提供的规则，其中多处涉及

---

① James Boyle. A Theory of Law and Information, Copyright, Spleens, Blackmail and Insider Trading. *California Law Review*, Vol. 80, 1992, pp. 1413 - 1534.

② 吕炳斌：《个人信息保护的“同意”困境及其出路》，《法商研究》2021年第2期，第87—88页。

同意规则。从《民法典》到《个人信息保护法》的规范内容发展可以看出，我国对同意规则的基本定位正在逐渐变得清晰和准确，此后对于《个人信息保护法》还将进行进一步讨论和修订，因此有必要将同意规则梳理得更加透彻合理。本书关于同意规则的研究也是基于上述认知，通过反思当前立法规范中同意规则的缺失内容，将个人信息保护的域外经验选择性地适用于我国的同意制度之中，将《个人信息保护法》与《民法典》的内容进行衔接，形成关于同意规则法律概念、法律性质及法律效果的共识。

本书的论证与分析基于个人信息同意规则的学理研究和实证考察展开，紧扣个人信息保护法律规范的立法背景和基本宗旨，主要围绕个人信息保护同意规则的规范内容从理论层面和规范层面展开研究：在理论层面，重点探讨了同意的法律含义、法律性质和法律效果及效力要件，并着重分析个人信息同意规则的法理基础；在规范层面，基于前述理论问题的研究结论，重新检视我国个人信息保护领域同意规则的相关规定，提出构建合理的同意规则的基本路径。

参考文献

一、中文文献

（一）专著

江平：《民法学》，中国政法大学出版社 2000 年版。

高富平：《个人数据保护和利用国际规则：源流与趋势》，法律出版社 2016 年版。

洪海林：《个人信息的民法保护研究》，法律出版社 2010 年版。

刘德良：《论个人信息的财产权保护》，人民法院出版社 2008 年版。

周汉华：《个人信息保护前沿问题研究》，法律出版社 2006 年版。

郭瑜：《个人数据保护法研究》，北京大学出版社 2012 年版。

郭明龙：《个人信息权利的侵权法保护》，中国法制出版社 2012 年版。

魏振瀛：《民法》，北京大学出版社 2017 年版。

王泽鉴：《民法总则》，北京大学出版社 2009 年版。

程啸：《侵权责任法》，法律出版社 2015 年版。

梁上上：《利益衡量论》，法律出版社 2016 年版。

王泽鉴：《人格权法：法释义学、比较法、案例研究》，北京大学出版社 2013 年版。

刘金瑞：《个人信息与权利配置：个人信息自决权的反思和出路》，法律出版社 2017 年版。

王融：《大数据时代：数据保护与流动规则》，人民邮电出版社 2017 年版。

李爱君、苏桂梅：《国际数据保护规则要览》，法律出版社 2018 年版。

腾讯研究院:《互联网+时代的立法与公共政策》,法律出版社 2016 年版。

姜浩:《数据化:由内而外的智能》,中国传媒大学出版社 2017 年版。

齐爱民:《大数据时代个人信息保护法国际比较研究》,法律出版社 2015 年版。

齐爱民:《私法视野下的信息》,重庆大学出版社 2012 年版。

陈甦:《民法总则评注》(下册),法律出版社 2017 年版。

陈自强:《民法讲义 I:契约之成立与生效》,法律出版社 2002 年版。

崔聪聪、李仪等:《个人信息保护法研究》,北京邮电大学出版社 2015 年版。

李超:《侵权责任法中的受害人同意研究》,中国政法大学出版社 2017 年版。

孔令杰:《个人资料隐私的法律保护》,武汉大学出版社 2009 年版。

李震山:《人性尊严与人权保障》,元照出版公司 2000 年版。

马俊驹、余延满:《民法原论》(第四版),法律出版社 2010 年版。

梅夏英:《财产权构造的基础分析》,人民法院出版社 2002 年版。

彭诚信:《现代权利理论研究:基于"意志理论"与"利益理论"的评析》,法律出版社 2017 年版。

齐爱民:《信息法原论:信息法的产生与体系化》,武汉大学出版社 2010 年版。

齐爱民:《拯救信息社会中的人格:个人信息保护法总论》,北京大学出版社 2009 年版。

齐爱民:《中国信息立法研究》,武汉大学出版社 2009 年版。

史尚宽:《债法总论》,中国政法大学出版社 2000 年版。

隋彭生:《用益债权原论:民法新角度之法律关系新思维》,中国政法大学出版社 2015 年版。

王利明:《人格权法新论》,吉林人民出版社 1994 年版。

王利明:《侵权行为法归责原则研究》,中国政法大学出版社 2003 年版。

王利明:《侵权责任法研究》(第二版)上卷,中国人民大学出版社 2016 年版。

王泽鉴:《侵权行为法》,中国政法大学出版社 2001 年版。

王泽鉴:《人格权法》,北京大学出版社 2013 年版。

许文义:《个人资料保护法论》,三民书局 2001 年版。

杨立新:《侵权法论》(上册),吉林人民出版社 2000 年版。

杨炼:《立法过程中的利益衡量》,法律出版社 2010 年版。

姚岳绒:《宪法视野中的个人数据保护》,法律出版社 2012 年版。

尹田:《民法典总则之理论与立法研究》,法律出版社 2010 年版。

张民安:《隐私合理期待总论:隐私合理期待理论的产生、发展、继受、分析方法、保护模式和争议》,中山大学出版社 2015 年版。

张民安:《隐私权的比较研究:法国、德国、美国及其他国家的隐私权》,中山大学出版社 2013 年版。

张文显:《二十世纪西方法哲学思潮研究》,法律出版社 1996 年版。

张新宝:《隐私权的法律保护》,群众出版社 2004 年版。

赵宾、李林启、张艳:《人格权商品化法律问题研究》,知识产权出版社 2009 年版。

郑玉波:《民法债编总论》,中国政法大学出版社 2004 年版。

魏振瀛:《民法》,北京大学出版社、高等教育出版社 2013 年版。

周汉华:《域外个人数据保护法汇编》,法律出版社 2006 年版。

(二)译著

[美] 劳伦斯·莱斯格:《代码:塑造网络空间的法律》,李旭译,中信出版社 2004 年版。

《法国民法典》(下册),罗结珍译,法律出版社 2005 年版。

[德] 迪特尔·施瓦布:《民法导论》,郑冲译,法律出版社 2006 年版。

[德] 黑格尔:《法哲学原理》,范扬、张企泰译,商务印书馆 2013 年版。

[德] 卡尔·拉伦茨:《德国民法通论》(上册),王晓晔等译,法律出版社 2003 年版。

[德] 卡尔·拉伦茨:《德国民法通论》(下册),王晓晔等译,法律出版社2004年版。

[德] 卡尔·拉伦茨:《法学方法论》,陈爱娥译,商务印书馆2003年版。

[美] E. 博登海默:《法理学: 法律哲学与法律方法》,邓正来译,中国政法大学出版社2004年版。

[美] 阿丽塔·L. 艾伦、理查德·C. 托克音顿:《美国隐私法: 学说、判例与立法》,冯建妹等译,中国民主法制出版社2004年版。

[美] 迈克尔·J. 桑德尔:《自由主义与正义的局限》,万俊人译,译林出版社2001年版。

[美] 塞缪尔·D. 沃伦、路易斯·D. 布兰代斯:《论隐私权》,李丹译,法律出版社2005年版。

[美] 特雷莎·M. 佩顿、西奥多·克莱普尔:《大数据时代的隐私》,郑淑红译,上海科学技术出版社2017年版。

[美] 西格尔:《Web 3.0: 互联网的语义革命》,管策译,科学出版社2013年版。

[英] 维克托·迈尔-舍恩伯格、肯尼思·库克耶:《大数据时代》,盛杨燕、周涛译,浙江人民出版社2013年版。

[英] 约翰·洛克:《政府论》(下篇),叶启芳、瞿菊农译,商务印书馆2013年版。

[英] 约翰·密尔:《论自由》,许宝骙译,商务印书馆1959年版。

(三) 论文

程啸:《论大数据时代的个人数据权利》,《中国社会科学》2018年第3期。

周汉华:《探索激励相容的个人数据治理之道: 中国个人信息保护法的立法方向》,《法学研究》2018年第2期。

常鹏翱:《对准法律行为的体系化解读》,《环球法律评论》2014年第2期。

陈璞:《论网络法权构建中的主体性原则》,《中国法学》2018年第3期。

程啸：《论侵权行为法中受害人的同意》，《中国人民大学学报》2004年第4期。

程啸：《民法典编纂视野下的个人信息保护》，《中国法学》2019年第4期。

丁晓东：《个人信息私法保护的困境与出路》，《法学研究》2018年第6期。

丁晓东：《论个人信息法律保护的思想渊源与基本原理：基于"公平信息实践"的分析》，《现代法学》2019年第3期。

杜换涛：《论个人信息的合法收集：〈民法总则〉第111条的规则展开》，《河北法学》2018年第10期。

范为：《大数据时代个人信息保护的路径重构》，《环球法律评论》2016年第5期。

宁园：《个人信息保护中知情同意规则的坚守与修正》，《江西财经大学学报》2020年第2期。

蔡培如、王锡锌：《论个人信息保护中的人格保护与经济激励机制》，《比较法研究》2020年第1期。

范小华、周琳：《基于利益平衡视角的个人信息法律保护探析》，《行政管理改革》2020年第3期。

方禹：《日本个人信息保护法(2017)解读》，《中国信息安全》2019年第5期。

房绍坤、曹相见：《论个人信息人格利益的隐私本质》，《法制与社会发展》2019年第4期。

高富平：《个人信息保护：从个人控制到社会控制》，《法学研究》2018年第3期。

高富平：《个人信息使用的合法性基础：数据上利益分析视角》，《比较法研究》2019年第2期。

高富平：《论个人信息保护的目的：以个人信息保护法益区分为核心》，《法商研究》2019年第1期。

高仲劭：《合理隐私期待理论的本土化适用与理论构建》，《哈尔滨师范大学社会科学学报》2019 年第 1 期。

蔡星月:《数据主体的“弱同意”及其规范结构》,《比较法研究》2019 年第 4 期。

曹相见:《物质性人格权的尊严构成与效果》,《法治研究》2020 年第 4 期。

王福友、高勇:《侵权违法阻却事由论纲》,《北方法学》2009 年第 6 期。

贺栩栩:《比较法上的个人数据信息自决权》,《比较法研究》2013 年第 2 期。

冯恺:《个人信息“选择退出”机制的检视和反思》,《环球法律评论》2020 年第 4 期。

胡凌:《论赛博空间的架构及其法律意蕴》,《东方法学》2018 年第 3 期。

胡文华、黄道丽等:《个人数据保护“同意规则”的检视及修正》,《计算机应用与软件》2018 年第 9 期。

胡文涛:《我国个人信息隐私权保护法律存在的问题及思考:以与互联网企业利益平衡为视角》,《云南师范大学学报(哲学社会科学版)》2016 年第 6 期。

黄芬:《侵权责任法中受害人同意的法律性质探究》,《求索》2011 年第 6 期。

姜盼盼:《欧盟个人信息保护法中当事人同意的立法经验与启示》,《图书馆建设》2018 年第 11 期。

李慧敏:《日本对个人数据权属的处理方式及其启示》,《科技与法律》2019 年第 4 期。

梁上上:《利益的层次结构与利益衡量的展开》,《法学研究》2002 年第 1 期。

梁上上:《利益衡量的界碑》,《政法论坛》2006 年第 5 期。

林洹民:《个人信息保护中知情同意原则的困境与出路》,《北京航空航天大学学报(社会科学版)》2018 年第 3 期。

刘定基:《析论个人资料保护法上“当事人同意”的概念》,《月旦法学杂志》2013 年第 218 期。

龙卫球:《数据新型财产权构建及其体系研究》,《政法论坛》2017 年第 4 期。

龙卫球:《再论企业数据保护的财产权化路径》,《东方法学》2018 年第 3 期。

陆青:《个人信息保护中“同意”规则的规范构造》,《武汉大学学报(哲学社会科学版)》2019 年第 5 期。

吕炳斌:《网络时代的版权默示许可制度:两起 Google 案的分析》,《电子知识产权》2009 年第 7 期。

吕耀怀:《同意的涵义及其中国式表达》,《上海师范大学学报(哲学社会科学版)》2015 年第 1 期。

梅夏英:《数据的法律属性及其民法定位》,《中国社会科学》2016 年第 9 期。

米健:《意思表示分析》,《法学研究》2004 年第 1 期。

彭礼堂,饶传平:《网络隐私权的属性:从传统人格权到资讯自决权》,《法学评论》2006 年第 1 期。

齐爱民:《美德个人资料保护立法之比较:兼论我国个人资料保护立法的价值取向与基本立场》,《甘肃社会科学》2004 年第 3 期。

齐鹏飞:《论大数据视角下的隐私权保护模式》,《华中科技大学学报(社会科学版)》2019 年第 2 期。

瞿相娟:《个人信息保护立法中“同意规则”之检视》,《科技与法律》2019 年第 3 期。

任龙龙:《论同意不是个人信息处理的正当性基础》,《政治与法律》2016 年第 1 期。

任文倩:《德国〈联邦数据保护法〉介绍》,《网络法律评论》2016 年第 1 期。

商希雪:《超越私权属性的个人信息共享:基于〈欧盟一般数据保护条例〉正当利益条款的分析》,《法商研究》2020 年第 2 期。

田野:《大数据时代知情同意原则的困境与出路:以生物资料库的个人信息保护为例》,《法制与社会发展》2018 年第 6 期。

万方:《隐私政策中的告知同意原则及其异化》,《法律科学》2019 年第 2 期。

王籍慧:《个人信息处理中同意原则的正当性:基于同意原则双重困境的视角》,《江西社会科学》2018 年第 6 期。

王进:《个人信息保护中知情同意原则之完善:以欧盟〈一般数据保护条例〉为例》,《广西政法管理干部学院学报》2018 年第 1 期。

王利明:《论个人信息权的法律保护:以个人信息权与隐私权的界分为中心》,《现代法学》2013 年第 4 期。

王利明:《论个人信息权在人格权法中的地位》,《苏州大学学报(法学版)》2012 年第 6 期。

王融:《数据保护三大实务问题与合规建议》,《中国信息安全》2016 年第 5 期。

王雪乔:《论欧盟 GDPR 中个人数据保护与“同意”细分》,《政法论丛》2019 年第 4 期。

王毅纯:《论隐私权保护范围的界定》,《苏州大学学报(法学版)》,2006 年第 2 期。

王玉林:《“默示同意”在数据收集中的适用问题研究》,《情报资料工作》2017 年第 2 期。

王泽鉴:《人格权的具体化及其保护范围·隐私权篇(上)》,《比较法研究》2008 年第 6 期。

王泽鉴:《人格权的具体化及其保护范围·隐私权篇(中)》,《比较法研究》2008 年第 6 期。

王泽鉴:《人格权的具体化及其保护范围·隐私权篇(下)》,《比较法研究》2008 年第 6 期。

翁清坤:《告知后同意与消费者个人资料之保护》,《台北大学法学论丛》2013 年第 87 期。

吴弘:《信赖理念下的个人信息使用与保护》,《华东政法大学学报》2018 年第 1 期。

吴沈括、霍文新:《欧盟个人数据保护新发展:爱尔兰〈2018 数据保护法案〉初读》,《华北水利水电大学学报(社会科学版)》2018 年第 3 期。

吴伟光:《大数据技术下个人数据信息私权保护论批判》,《政治与法律》2016 年第 7 期。

谢远扬:《信息论视角下个人信息的价值:兼对隐私权保护模式的检讨》,《清华法学》2015 年第 3 期。

谢远扬:《〈民法典人格权编(草案)〉中"个人信息自决"的规范建构及其反思》,《现代法学》2019 年第 6 期。

项定宜、申建平:《个人信息商业利用同意要件研究:以个人信息类型化为视角》,《北方法学》2017 年第 5 期。

肖中华:《大数据时代"合理隐私期待"主客观标准的适用》,《江西社会科学》2016 年第 11 期。

徐丽枝:《个人信息处理中同意原则适用的困境与破解思路》,《图书情报知识》2017 年第 1 期。

许可:《数据保护的三重进路:评新浪微博诉脉脉不正当竞争案》,《上海大学学报(社会科学版)》2017 年第 6 期。

杨芳:《个人信息自决权理论及其检讨:兼论个人信息保护法之保护客体》,《比较法研究》2015 年第 6 期。

杨立新:《从生命健康权到生命权、身体权、健康权:〈民法典〉对物质性人格权规定的规范创新》,《扬州大学学报(人文社会科学版)》2020 年第 3 期。

杨立新:《个人信息:法益抑或民事权利——对〈民法总则〉第 111 条规定的个人信息之解读》,《法学论坛》2018 年第 1 期。

姚辉:《关于人格权商业化利用的若干问题》,《法学论坛》2011 年第 6 期。

姚佳:《知情同意原则抑或信赖授权原则:兼论数字时代的信用重建》,《暨南学报(哲学社会科学版)》2020 年第 2 期。

叶名怡:《论个人信息权的基本范畴》,《清华法学》2018 年第 5 期。

易军:《私人自治与法律行为》,《现代法学》2005 年第 3 期。

张金海:《意思表示的主观要素研究》,《中国法学》2007 年第 1 期。

张新宝：《从隐私到个人信息：利益再衡量的理论与制度安排》,《中国法学》2015 年第 3 期。

梅夏英、朱开鑫：《论网络行为数据的法律属性与利用规则》,《北方法学》2019 年第 2 期。

李怡：《个人一般信息侵权裁判规则研究：基于 68 个案例样本的类型化分析》,《政治与法律》2019 年第 6 期。

韩旭至：《个信息类型化研究》,《重庆邮电大学学报(社会科学版)》2017 年第 4 期。

张新宝：《个人信息收集：告知同意原则适用的限制》,《比较法研究》2019 年第 6 期。

张新宝：《侵权责任法立法的利益衡量》,《中国法学》2009 年第 4 期。

赵宏：《从信息公开到信息保护：公法上信息权保护研究的风向流转与核心问题》,《比较法研究》2017 年第 2 期。

赵宏：《信息自决权在我国的保护现状及其立法趋势前瞻》,《中国法律评论》2017 年第 1 期。

郑观：《个人信息对价化及其基本制度构建》,《中外法学》2019 年第 2 期。

郑佳宁：《知情同意原则在信息采集中的适用与规则构建》,《东方法学》2020 年第 2 期。

郑立：《论合意(协议)是合同理论的基石》,《法学家》1993 年第 4 期。

郑志峰：《通过设计的个人信息保护》,《华东政法大学学报》2018 年第 6 期。

吕炳斌：《个人信息保护的“同意”困境及其出路》,《法商研究》2021 年第 2 期。

万方：《个人信息处理中的“同意”与“同意撤回”》,《中国法学》2021 年第 1 期。

高富平：《论个人信息处理中的个人权益保护：“个保法”立法定位》,《学术月刊》2021 年第 2 期。

（四）学位论文

任龙龙：《大数据时代的个人信息民法保护》，对外经济贸易大学博士学位论文，2017年。

李媛：《大数据时代个人信息保护研究》，西南政法大学博士学位论文，2016年。

杨咏婕：《个人信息的私法保护研究》，吉林大学博士学位论文，2013年。

张涛：《个人信息权的界定及其民法保护》，吉林大学博士学位论文，2012年。

姚岳绒：《宪法视野中的个人信息保护》，华东政法大学博士学位论文，2011年。

张娟：《个人信息的公法保护研究》，中国政法大学博士学位论文，2011年。

洪海林：《个人信息的民法保护研究》，西南政法大学博士学位论文，2007年。

刘金瑞：《个人信息与权利配置》，清华大学博士学位论文，2014年。

杨俊涛：《大数据时代个人信息的民法保护》，中国政法大学硕士学位论文，2017年。

何直橙：《敏感个人信息的概念界定及法律保护研究》，西南政法大学硕士学位论文，2017年。

二、外文文献

（一）著作

Helen Nissenbaum. *Privacy in Context*. Stanford University Press, 2010.

John Kleinig. *The Nature of Consent*. Oxford University Press, 2010.

Jane K. Winn ed. *Consumer Protection in the Age of the 'Information Economy'*. Routledge, 2006.

Onora O'Neill. *Autonomy and Trust in Bioethics*. Cambridge University Press, 2002.

Van Dijk, Pieter et al. *Theory and practice of the European Convention on Human Rights*. Oxford, 2006.

Michael Walzer. *Spheres of Justice: A Defense of Pluralism & Equality*. Basic Books, 1983.

Neil C. Manson, Onora O'Neill. *Rethinking Informed Consent in Bioethics*. Cambridge University Press, 2007.

William L. Prosser. *Handbook of the Law of Torts*. West Publishing Co., 1981.

Barocas S., Nissenbaum H. *On Notice: The Trouble with Notice and Consent*. Social Science Electronic Publishing, 2015.

Colburn, Ben. *Autonomy and Liberalism*. Taylor & Francis, 2010.

Dworkin, Gerald. *The Theory and Practice of Autonomy*. Cambridge University Press, 1988.

Daniel J. Solove, Paul M. Schwartz. *Information Privacy Law*. Wolters Kluwer Publishing, 2009.

Faden, Ruth and Beauchamp, Tom. *A History and Theory of Informed Consent*. Oxford University Press, 1986.

Ferdinand David Schoeman. *Philosophical Dimensions of Privacy: An Anthology*. Cambridge University Press, 1984.

Frederik Zuiderveen Borgesius. *Consent to Behavioral Targeting in European Law: What are the Policy Implications of Insights from Behavioral Economics?* Social Science Electronic Publishing, 2013.

Lawrence C. Becker, Charlotte B. Becker. *Encyclopedia of Ethics*. Routledge Publishing, 2001.

Michael Walzer. *Spheres of Justice: A Defense of Pluralism and*

Equality. Basic Books, 1983.

Daniel J. Solove. *The digital person*. New York University Press, 2004.

Regan P. M. *Legislating Privacy: Technology, Social Values, and Public Policy*. University of North Carolina Press, 1995.

Ronald Leenes et al. ed. *Data Protection and Privacy: (In) visibilities and Infrastructures*. Springer International Publishing, 2017.

Eleni Kosta. *Consent in European Data Protection Law*. Martinus Njhoff Publishers, 2013.

（二）论文

B. Hofmann. Broadening Consent-and Diluting Ethics? *Journal of Medical Ethics*, Vol. 35, No. 2, 2009.

Bart W. Schermer et al. The Crisis of Consent: How Stronger Legal Protection May Lead to Weaker Consent in Data Protection. *Ethics and Information Technology*, Vol. 16, No. 2, 2014.

Corien Prins. Property and Privacy: European, Perspectives and the Commodification of Our Identity. *Information Law Series*, Vol. 16, 2006.

Daniel J. Solove. Privacy Self-Management and the Consent Dilemma. *Harvard Law Review*, Vol. 126, No. 7, 2013.

Edward J. Janger, Paul M. Schwartz. The Gramm - Leach - Bliley Act, Information Privacy and the Limits of Default Rules. *SSRN Electronic Journal*, Vol. 86, No. 6, 2002.

Gindin S. E. Nobody Reads Your Privacy or Online Contract: Lessons Learned and Questions Raised by the FTC's Action Against Sears. *Northwestern Journal of Technology and Intellectual Property*, Vol. 8, No. 1, 2009.

Helen Nissenbaum. Privacy as Contextual Integrity. *Washington Law Review*, Vol. 79, 2004.

James Rachels. Why Privacy Is Important. *Philosophy & Public Affairs*, Vol. 4, No. 4, 1975.

Jerry Kang. Information Privacy in Cyberspace Transactions. *Stanford Law Review*, Vol. 50, No. 4, 1998.

Joshua A. T. Fairfield, Christoph Engel. Privacy as a Public Good. *Duke Law Journal*, Vol. 65, No. 3, 2015.

M. Ryan Calo. Against Notice Skepticism in Privacy. *Notre Dame Law Review*, Vol. 87, 2012.

Peter McCormick. Social Contract: Interpretation and Misinterpretation. *Canadian Journal of Political Science*, Vol. 9, No. 1, 1976.

Shara Monteleone. Addressing the Failure of Informed Consent in Online Data Protection: Learning the Lessons from Behavior—Aware Regulation. *Syracuse Journal of International Law and Commerce*, Vol. 43, No. 1, 2015.

Ted Sienknecht. AI column: Information advantage. *Bulletin of the American Society for Information Science & Technology*, Vol. 34, No. 5, 2008.

William L. Prosser. Privacy. *California Law Review*, Vol. 8, No. 48, 1960.

Allen, Anita L. Protecting One's Own Privacy in a Big Data Economy. *Harvard Law Review Forum*, Vol. 130, 2016.

Andrew D. Selbst. Contextual Expectations of Privacy. *Cardozo Law Review*, Vol. 35, 2013.

Bernard B. R. On Some Criticisms of Consent Theory. *Journal of Social Philosophy*, Vol. 24, No. 1, 2010.

Borghi M. Ferretti F. Karapapa S. Online Data Processing Consent under EU Law: A Theoretical Framework and Empirical Evidence from the UK. *International Journal of Law and Information Technology*, No. 2, 2013.

Elvy. Paying for Privacy and the Personal Data Economy. *Columbia Law Review*, Vol. 117, No. 6, 2017.

Helen Nissenbaum. Privacy as Contextual Integrity. *Washington Law Review*, No. 79, 2004.

Hyams K. D. When Consent Doesn't Work: A Rights-based Case for Limits to Consent's Capacity to Legitimize. *Journal of Moral Philosophy*, Vol. 8, No. 1, 2011.

Jacob M. Victor. The EU General Data Protection Regulation: Toward a Property Regime for Protecting Data Privacy. *Yale Law Journal*, No. 123, 2013.

John Kleinig. The Ethics of Consent. *Canadian Journal of Philosophy*, Vol. 3, 1982.

John T. Soma, J. Zachary Courson& John Cadkin. Corporate Privacy Trend: The Value of Personally Identifiable Information (PII) Equals the Value of Financial Assets. *Richmond Journal of Law and Technology*, Vol. 15, No. 1, 2008.

Keith Hyams. When Consent Doesn't Work: A Rights-Based Case for Limits to Consent's Capacity to Legitimize. *Journal of Moral Philosophy*, No. 8, 2011.

Larry Alexander. The Ontology of Consent. *Analytic Philosophy*, Vol. 55, No. 1, 2014.

Lorrie Faith Cranor. Necessary but not Sufficient: Standardized Mechanisms for Privacy Notice and Choice. *Journal on Telecommunications and High Technology Law*, Vol. 10, No. 2, 2012.

Misek J. Consent to Personal Data Processing: The Panacea or the Dead End? *Masaryk University Journal of Law and Technology*, No. 1, 2014.

Ohm P. Branding Privacy. *Minnesota Law Review*, Vol. 97, No. 3, 2013.

Omer Tene. Privacy Law's Midlife Crisis：A Critical Assessment of the Second Wave of Global Privacy Laws. *Ohio State Law Journal*, Vol. 24，No. 1220，2013.

Omer Tene. Jules Polonetsky，Big Data for All：Privacy and User Control in the Age of Analytics. *Northwestern Journal of Technology and Intellectual Property*，No. 11，2013.

Wade，Ariel E. A New Age of Privacy Protection：A Proposal for an International Personal Data Privacy Treaty. *George Washington International Law Review*，No. 42，2010.

（三）案例

1. Katz v. United States，389 U. S. 347(1967).

2. Griswold v. Connecticut,381 U. S. 479(1965).

3. Whalen v. Roe，429 U. S. 589，1977.

索引

X

Y

Z